屋根の花園
～～～芝棟・草屋根を日本と世界に訪ねて～～～

山口隆子

山本丘人《空に咲く》1970年
箱根・芦ノ湖　成川美術館所蔵

八坂書房

目　次

はじめに ……………………………………………… 3

第1章　水戸黄門やマリー・アントワネットが
　　　　愛した「屋根の花園」……………………… 5
第2章　日本の芝棟 ………………………………… 12
第3章　フランスの芝棟 …………………………… 49
第4章　フェロー諸島の草屋根 …………………… 74
第5章　屋根の花園のこれから …………………… 92

おわりに ……………………………………………… 97

参考文献 ……………………………………………… 99
見学可能な日本の芝棟 ……………………………… 107

山本丘人《空に咲く》　花の部分の拡大

はじめに

　日本にはかつて、茅葺屋根の家が沢山ありました。その屋根のてっぺん、棟の部分に芝の生えた土をおいて固定するという、ちょっと変わった方法を「芝棟」といいます。

　芝棟と出合ったのは、今から30年ほど前。箱根・芦ノ湖畔にある成川美術館を訪れた母が、お土産に山本丘人の《空に咲く》（1970年）という絵葉書を買ってきてくれたのです。茅葺屋根の上に、ユリやキキョウなどの花が咲いている日本画です。「あなたが好きそうな絵よ」と。当時、大学院生だった私は、講義で屋上緑化や壁面緑化について学んでいるところでした。レポート作成のために積んである資料を見ていた母は、屋根に植物が生えている作品を前にして、ピンときたのでしょう。

　画家が北軽井沢の山荘（法政大学村）から二度上峠へ散歩した際、4、5軒の茅葺屋根の上に花が咲いていることに気づき、帰宅したところ、山荘の茅葺屋根の上にも同じように花が咲いていた。雨漏り防止のために、屋根の上に土を盛って草花を植える習わしがあることを、地元の人から聞いたことが、《空に咲く》を描くきっかけになったそうです。「屋根の上に花を咲かせる此の地方の風習が、山荘にも残っていた。北の僻地にも夏は近づく頃」と、山本丘人はこの絵に添えています（山本1977、田中1991）。

　その後、私は、東京都で造園職として勤務し、都市公園行政をはじめ、ヒートアイランド現象とその対策である屋上緑化などについて研究、さらには、屋上緑化や校庭芝生化の推進、自然保護の仕事などに携わってきました。しかし、公務に励む一方で、芝棟について知りたい、また、ナショナルジオグラフィックのサイトで知ったフェロー諸島の草屋根（「屋根の上の草刈り、フェロー諸島」2009年8月21日配信）を見てみたいという思いが、常に心の片隅を占めていました。

2017 年に法政大学文学部地理学科に着任し、ようやく芝棟について研究できるということで、さっそく全国の芝棟を訪ね歩き始めました。また、2024 年度には、サバティカル（研究休暇）を取得する機会にも恵まれ、フランスの芝棟を、アイリスの開花時期に合わせて調査したり、念願のフェロー諸島の草屋根を短い夏季（といっても日最高気温が 10℃）に訪れて調査することができました。

　この度、本書を執筆中に、幸運にも、成川美術館で開催されている特別展「山本丘人の世界」（2024 年 11 月 14 日〜 2025 年 3 月 12 日）に展示されていた《空に咲く》と、初めて対面することが叶いました。屋根に咲く花の一つ一つを間近でつぶさに見ることができ、（絵画ですので実物どおりではないでしょうが）この作品ほど芝棟を詳細に描いているものはないことを、改めて感じるとともに、屋根の花園の美しさ、繊細さに心奪われ、立ち尽くしてしまいました。

　さらに、事前に古写真で確認したところ、成川美術館が立地する元箱根エリアは、幕末から明治時代にかけて、芝棟が並ぶ宿場町だったことがわかり、かつて本物の芝棟があった場所で、芝棟を描いた素晴らしい作品を鑑賞できる偶然に、胸が熱くなりました。

　本書は、主にこの 8 年間の調査研究の成果ですが、30 年分の思いが詰まった本ともなっています。本書を片手に日本各地の芝棟を訪ね、機会があればフランスやフェロー諸島へも足を運んでいただければ、著者としてこれほど嬉しいことはありません。

★写真のキャプションに記した日付は著者による撮影日です。

第1章
水戸黄門やマリー・アントワネットが愛した「屋根の花園」

「芝棟」ってなに？

　江戸時代、日本の多くの建物が木造で、茅葺屋根でした。現存する茅葺屋根といえば、世界遺産である白川郷・五箇山の合掌造り集落や福島県下郷町大内宿、京都府美山町北集落のかやぶきの里などが有名です。

　茅葺屋根に限らず、屋根の頂上部、つまりてっぺんの部分を棟といいます。棟は、屋根面と屋根面が合わさる部分で、屋根材の固定や雨水の侵入を防ぐ役割があります。棟の部分をどのように処理するか？　この仕組みを棟仕舞といいます。

　芝棟は、茅葺屋根の棟をシバの生えた土の重みで押さえると同時に、シバの根が棟にからみつくことで棟を固定するという、特異な棟仕舞です。シバのほかに、ユリやイチハツ、ヤブカンゾウ、イワヒバなどを植えた芝棟もあります。

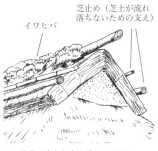

芝草の生えた土を載せ、イワヒバを植えた芝棟（『芝棟』より）

シバの芝棟（旧林崎家分家住宅　2024/6/17）

ユリの芝棟（盛田牧場一号厩舎　2023/8/3）

ヤブカンゾウの芝棟（工藤家住宅便所　2019/7/7）

イワヒバの芝棟（竹川家四足門　2025/2/15）

イチハツの芝棟（蚕影山祠堂　2024/4/30）

黄門さまの理想郷

「黄門さま」と慕われた水戸藩2代藩主、かの水戸光圀が、世俗を離れた理想郷として隠居後の10年間（1700年没）を過ごした西山御殿（西山荘、茨城県常陸太田市）は、茅葺の平屋建てで、棟仕舞は芝棟となっています。建物の内部は粗壁のまま、どの部屋にも装飾はなく、書斎も丸窓だけの三畳間と質素な佇まいです。光圀公亡き後も歴代藩主により守られてきましたが、1817（文化14）年に野火で焼失し、2年後の1819（文政2）年に規模を縮小して再建されました。さらに、近年、2011年の東日本大震災で被災し、平成の大修理（災害復旧事業）が行われました。茅葺屋根の部分は、全面葺き替えを行い、芝棟についても再整備されています。芝棟のイチハツは、いったん移植し、新しく葺き替えられた棟に戻されました。このイチハツの芝棟は、規模は小さくなったものの、水戸黄門が住んでいた頃と同じ形態を維持しているのです。

水戸光圀像（狩野常信画、徳川ミュージアム所蔵）

西山御殿と芝棟のイチハツ（2024/5/1）

海外にもある芝棟

　消えゆく懐かしい日本の風景……といった印象が強い芝棟ですが、実は芝棟は日本固有の棟仕舞ではなく、構造的に同様なものは、フランスにもあります。しかも、かの有名なヴェルサイユ宮殿に！　世界遺産であるヴェルサイユ宮殿の一画にある王妃の村里（Le hameau de la Reine）の建築物10棟のうち、なんと8棟が芝棟なのです。王妃の村里は、1774年にフランス国王ルイ16世が王妃マリー・アントワネットに与えたプチ・トリアノン宮殿の周囲に作られた田舎風の庭園で、王妃が好んで滞在していたことが知られています。これらの芝棟には、アイリスや多肉植物のセダムなどが植えられています。

　遠く離れた日本とフランスで、藩主と王妃が、芝棟という特異な棟仕舞、しかもイチハツとアイリスという同じアヤメの仲間の植物を植えた芝棟に暮らし、それが今日まで継承されていることの偶然に驚かされます。

　フランスのほか、北ヨーロッパのデンマーク、ベルギー、ドイツ北部の野外博物館にも芝棟がありますが、現在も住居として使用されている例は、日本の他にはフランスでしか見ることができません。

　また、アジアの国々にも茅葺屋根はありますが、棟仕舞が異なり、棟の中央部で茅を束ねたものや、棟を茅で覆い屋根全体に縄を張り巡らせているものなどが多く、今のところ、芝棟にはお目にかかったことがありません。

18世紀当時の王妃の村里
（クロード・ルイ・シャトレ画　1786年　モデナ、エステンセ図書館所蔵）

ヴェルサイユ宮殿プチ・トリアノン王妃の村里（2024/5/8）

王妃の村里全景（phot：EPV/Thomas Garnier）

王妃の村里での農婦姿のアントワネット
（1791年　フランス国立図書館所蔵）

王妃の村里の芝棟のアイリス
（2024/5/8）

フェロー諸島の首都トースハウンの旧市街レイニ（2024/7/20）

フェロー諸島の首都トースハウン郊外（2024/7/21）

しかし、台湾中部の阿里山（アリサン）にあるツォウ族の男子集会所「庫巴（クバ）」（茅葺屋根の建物で、達邦（タッパン）と特富野（トフヤ）の二つの村だけに見られる）は、写真で見る限り芝棟に似ていますので、広い世界のどこかには、まだ見ぬ芝棟があるのかもしれません。

北欧の草屋根

北欧には、棟だけではなく屋根全体にシバを載せる伝統的な木造家屋（turf house、以下「草屋根」と表記）があり、芝棟と同様に各地の野外民族博物館で保存されています。デンマーク自治領のフェロー諸島では、現在も多くの草屋根が存在し、住居として使用されているばかりか、さらに新しい草屋根も増えています。

アイスランドの復原された草屋根は、2011 年にユネスコ世界文化遺産の暫定リストに"The Turf House Tradition"として登録されました。草屋根は、アイスランドの他、ノルウェー、スウェーデン、フィンランド、ルーマニア、エストニア、バイカル湖周辺、アラスカなどにも見られます。フィヨルドの湾の奥の集落や湖畔にある別荘などに多く見られるようです。

本書では、第 2 章で日本の芝棟、第 3 章でフランスの芝棟、第 4 章でフェロー諸島の草屋根について紹介しています。ご興味のあるところからお読みいただければ幸いです。

> 芝棟については、『芝棟〜屋根の花園を訪ねて〜』（亘理俊次（わたりしゅんじ）著、1991 年、八坂書房：以下、『芝棟』とする）に詳細な説明があるとともに、日本における明治時代以降、特に 1960 年代から 1990 年以前の東北南部から中部地方にかけての芝棟の分布状況や芝棟植物の種類について丹念に調査し、芝棟の近代分布をまとめてあります。また、東京大学総合研究博物館のサイトに、亘理俊次氏が撮影した芝棟の写真をデジタルアーカイブ化した「亘理芝棟コレクション」（http://umdb. um.u-tokyo.ac.jp/DShokubu/shibamune/home.php 2024 年 12 月 31 日最終確認）がありますので、本書とともに、ぜひご覧いただければと思います。

第 1 章 水戸黄門やマリー・アントワネットが愛した「屋根の花園」　11

第2章

....

日本の芝棟

芝棟はどこにある？

それでは、日本の芝棟は、どこにあるのでしょうか。

少し古いデータになりますが、『平成14年度茅葺民家に関する調査研究中間報告書』（都市農村漁村交流活性化機構 2002）によれば、2001年時点で全国に約4万棟の茅葺民家（金属板で覆われた屋根を含む）が存在していました。しかし、それらの棟仕舞の種類については調査されていませんでしたので、芝棟の所在は地道に探すしかありません。

そこで、私は、第1章で紹介した『芝棟』に記載されている芝棟を1軒ずつ確認するとともに、『芝棟』では調査されていなかった地域も含め、国立国会図書館や都道府県立図書館等が所蔵する江戸時代以降の浮世絵、絵巻、絵画、写真、書籍等（都道府県市町村史誌等の「住宅」に関する記述内容）を精査し、空中写真（地理院地図やGoogleマップ等）で確認した後、現地調査（教育委員会並びに近隣住民、施工会社へのヒアリング、芝棟植物の種類の確認）を行うことにしました。

その結果、芝棟の現存数は、2011年時点で約600棟あり、全国の茅葺民家の約1.5％。このうち、9割を占める541棟が岩手県に現存していることがわかりました。青森県と岩手県には、文化財等に指定されていない芝棟建造物も多数現存していますが、その他の都府県では、ほとんどが文化財等に指定されていました。国指定重要文化財（建造物）13件、国登録有形文化財（建造物）5件、国重要有形民俗文化財4件、国選重要文化的景観1件、国選重要伝統的建造物群保存地区2件、国史跡8件、国名勝2件（1件は国史跡にも指定）、地方自治体文化財等20件です。全国の文化財等に指定・登録された茅葺棟は約1200ですので、茅葺の文化財のうち4.5％が芝棟となっています。

全国の見学可能な芝棟を右の表にまとめ、その分布を示しました。建造物についての詳細は、巻末の「見学可能な日本の芝棟」をご覧ください。

それでは、各地の芝棟の特徴を紹介していきましょう。

［見学可能な芝棟］

都府県	建造物名（市町村）
青森県	盛田牧場一号厩舎（南部曲屋育成厩舎：七戸町），見町観音堂（七戸町），旧笠石家住宅（十和田市），旧苫米地家住宅（六戸町），八戸根城工房（八戸市），大久喜の浜小屋（八戸市），大慈寺〔松館〕山門（八戸市），清水寺観音堂（八戸市），舘のやかた（八戸市），旧八戸市立中野小学校学校園水車（八戸市），旧圓子家住宅（五戸町），五戸代官所（五戸町），坂本家住宅主屋（新郷村），木村家住宅主屋（新郷村），水車（唐臼：田子町）
岩手県	旧川戸家住宅（野田村），旧松葉場住宅（野田村），旧日形井家住宅（野田村），旧林崎家本家住宅（野田村），旧林崎家分家住宅（野田村），旧上田家（滝沢市），旧齊藤家住宅（盛岡市），旧佐々木家（盛岡市），旧藤野家（盛岡市），伊藤家住宅（花巻市），旧菊池喜右エ門家（遠野市），遠野ふるさと村大野どん前トイレ（遠野市），遠野ふるさと村大工どん前トイレ（遠野市），遠野ふるさと村乗込み（遠野市），遠野ふるさと村水車小屋（遠野市），旧菊池家住宅（遠野市），伝承園工芸館（遠野市），伝承園水車（遠野市），伝承園雪隠（遠野市），伝承園板倉（遠野市），伝承園乗込長屋（遠野市），山口の水車小屋（遠野市），旧北川家住宅（北上市），旧佐々木家住宅（北上市），マセ小屋（北上市），旧星川家納屋（北上市），片平町・旧大沼家侍住宅（金ヶ崎町）
秋田県	大山家住宅（三種町）
山形県	旧矢作家住宅（新庄市），瑞雲院1号棟～6号棟（新庄市）
宮城県	旧山本家住宅（川崎町），今野家住宅ベンジョ（多賀城市）
福島県	旧馬場家住宅（福島市），旧馬場家住宅（猪苗代町），旧五十島家住宅（金山町），旧山内家住宅（南会津町），南郷民俗館水車小屋（南会津町），前沢曲屋集落水車（南会津町），檜枝岐の舞台（檜枝岐村），出作り小屋（檜枝岐村），白樺小屋（檜枝岐村）
群馬県	雲越家住宅（みなかみ町），旧戸部家住宅（みなかみ町），旧鈴木家住宅（沼田市），上三原田の歌舞伎舞台（渋川市），阿久沢家住宅（前橋市），関根家住宅（前橋市），関根家住宅門（前橋市），楽山園（甘楽町）
茨城県	西山御殿（常陸太田市），慈久庵（常陸太田市）
埼玉県	小野家住宅（所沢市），旧富岡家住宅（和光市）
東京都	旧永井家住宅（町田市），可喜庵（町田市）
神奈川県	清宮家住宅（川崎市），広瀬家住宅（川崎市），蚕影山祠堂（川崎市），工藤家住宅便所（川崎市），旧大佛次郎茶亭（鎌倉市）
山梨県	旧渡辺住宅（富士河口湖町），西湖野鳥の森公園（富士河口湖町），旧萩原家住宅（身延町），もしもしの家（甲州市），八代家住宅（北杜市）
静岡県	竹川家四足門（富士宮市），石部棚田水車小屋（松崎町）
大阪府	旧藤原家住宅（豊中市）

見学可能な芝棟の分布

★建物内部は、非公開や通常非公開（文化の日等のみ公開）のものもありますので、見学の際にはご注意ください。

東北地方北部の芝棟

まずは、東北地方の北部、青森県、秋田県、岩手県からです。

《青森県》

地図からもわかるように、青森県内の芝棟は、太平洋側の三八上北地域と呼ばれる下北半島の付け根から岩手県境に至る3市11町2村に分布しています。ノシバの芝棟が多く、一部にコオニユリが見られます。写真や絵画に記録されているにもかかわらず、すでに消滅した芝棟の分布も、現在の分布に下北半島の東通村を加えた地域となっていました。三八上北地域の住民によれば、1980年代まではかなりの芝棟があり、特に珍しいものでもなく、よくある民家だったそうです。青森県三戸町出身の漫画家・絵本作家の馬場のぼるも、『11ぴきのねこマラソン大会』(1985)に芝棟を描いています（絵巻を探してみてください）。幼少期を過ごした三戸町に芝棟があり、見慣れていた光景を描いたのではとないかと推測されます。

青森県は、奥羽山脈を境に、日本海側は冬季に大雪となる一方、太平洋側は夏季に偏東風（やませ）の影響を受け冷涼であり、大きく気候が異なります。また、

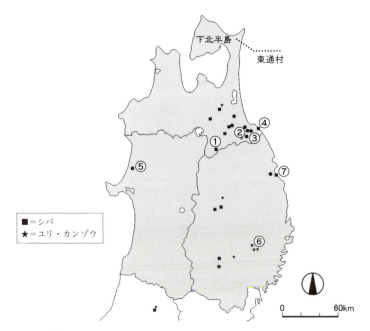

東北地方北部　見学可能な芝棟の分布図（丸数字は写真番号）

江戸時代の藩も津軽藩と南部藩に分かれていました。それらの違いが、民家の屋根にも表れているようです。

　写真①-2は、田子町新田地区にある水車（唐臼）への水路を地区の住民が総出で修繕している様子です。芝棟の調査を始めて8年ですが、このような現場に遭遇できたのは初めてで、とても貴重な光景です。かつては集落のいたるところに存在していた水車ですが、現在は、この地域で唯一の現役水車となっています。

①-1　田子町新田地区の水車
（2020/5/28　中野渡氏撮影）

①-2　田子町新田地区の水車の修繕の様子（2022/6/12）

②-1　清水寺観音堂葺き替え前（2018/8/7）
茅葺全体に植物が繁茂しており、棟には低木も自生していた。

②-2　清水寺観音堂葺き替え後（2022/6/12）
屋根葺き替え後1年が経過し、ノシバの緑は見えず、他の植物が圧倒。

修繕の現場でお話を伺ったところ、そば粉や米粉を碾くのに使用してきたとのことでした。

　ほかにも、清水寺観音堂の芝棟（②）や江戸後期に建立された大慈寺の山門（③）、大久喜の浜小屋（④）などがあります。

　清水寺観音堂は、安土桃山時代の1581年に建立され、直近では1983年の解体修理後、2021年に屋根葺き替え工事が行われました。解体時には芝棟の原型を留めておらず、低木が自生するほどでしたが、棟部分からの雨漏りはなく、施工後38年を経てもその機能が維持されていたことが証明されました（丸本2021）。

③ 大慈寺の山門（2018/8/7）
1827年建立、2006年茅葺屋根の全面葺き替え工事を実施。

④ 大久喜の浜小屋（2018/8/7）
幕末頃建立、2012年保存修理を行い、茅葺屋根を復原。

《秋田県》

　秋田県では、芝棟は大山家住宅の1棟のみとなっています（⑤）。ノシバのみの芝棟で、青森県や岩手県の芝棟と同じです。かつては、岩手県境の鹿角市や仙北市、日本海側の海岸沿いなどにも見られましたが、現在は消滅しています。

⑤-1　大山家住宅（2019/6/23）

⑤-2　大山家住宅の芝棟部分（2019/6/23）　ノシバが確認できる。

《岩手県》

　岩手県は国内で最も芝棟が現存している地域であり、（社）岩手県建築士会女性委員会が2009年から2011年にかけて、県内全地域を対象に芝棟の現地調査を実施しています（岩手県建築士会女性委員会2011、2012）。私は、2012年9月頃の新聞記事でこの調査を知ったのですが、同会が、芝棟の現在を記録するために岩手県内を2年間駆け回り、調査結果がまとまった矢先に東日本大震災が発生。色彩を失った海辺のまちに再び花を咲かせたいという思いと、芝棟の記憶をとどめた冊子『いわて芝棟ものがたり』（（社）岩手県建築士会・女性委員会2011）の普及を目標に、「花咲プロジェクト」が動き始めたという内容でした。記事を読み、すぐさまこの会へ連絡したのは言うまでもありません。この時は、ささやかではありますがプロジェクトに協力し、冊子を1冊分けていただきました。

　2017年に大学へ着任し、芝棟の調査を本格的に始めた後、同会に再び連絡を取ったところ、調査結果のリーフレットを快く提供していただきましたので、以下にその概要を記します。

　岩手県内には541棟の芝棟が現存しており、その9割が盛岡市以北に分布し、軽米町85、洋野町68、久慈市78、二戸市53、一戸町49、岩手町40、盛岡市35、九戸村33、葛巻町31、八幡平市13、野田村11、岩泉町3、滝沢市1棟でした。盛岡市以南では遠野市34、北上市4、釜石市1、金ヶ崎町1、一関市1棟のみでした。使用されている主な植物は、ニラ、オニユリ、カンゾウであり、キキョウやハギも見られました。

　これは2011年の東日本大震災直前の調査であり、2025年現在の棟数は減少しているものと推測されますが、これほど大規模な調査は、1960年代後半に全国で行われた民家緊急調査以来であり、大変貴重な記録です。

　岩手県は、野田村のアジア民族造形館、盛岡市の岩手県立博物館、遠野市の遠野ふるさと村（⑥）や伝承園、北上市のみちのく民俗村などの見学施設も充実しています。また、野田村の旧林崎家本家住宅（苫屋）や旧林崎家分家住宅（国民宿舎えぼし荘：⑦）では、芝棟に宿泊することも可能です。

　岩手県遠野市や沿岸部を舞台とする、2021年8月に公開されたアニメ映画『岬のマヨイガ』（原作：柏葉幸子、2015）で主人公たちが暮らす古民家は、とても立派な芝棟の曲屋でした（原作の挿絵は芝棟ではありません）。原作は東日本大震災

をモチーフとした児童文学ですが、震災後の人々の拠り所として芝棟の曲屋が描かれており、大人にもぜひ鑑賞していただきたい作品となっています。第76回毎日映画コンクールアニメーション映画賞をはじめ、フランスの映画祭でも数々の賞を受賞しています。

⑥-1　旧菊池喜右エ門家（遠野ふるさと村こびるの家　2018/7/27）

⑥-2　旧菊池喜右エ門家の芝棟部分（2018/7/27）
ヤブカンゾウが咲き、ユリも開花直前。

⑦-1　旧林崎家分家住宅（国民宿舎えぼし荘、2024/6/17）

⑦-2　旧林崎家分家住宅の芝棟（2024/6/17）
ノシバの芝棟がよく見える。杉林の向こうは三陸海岸。

21

東北地方南部の芝棟

次に、山形県、宮城県、福島県を東北地方南部としてまとめました。

《山形県》

山形市以北の内陸部である村山地域と最上地域に多数存在していた芝棟ですが、現在は新庄市内の旧矢作家住宅と新庄藩主戸沢家墓所（⑧）のみとなっています。新庄駅から旧矢作家住宅に向かうためタクシーに乗ったところ、運転手さんが芝棟に詳しく、戸沢家墓所を紹介してくださり、案内していただきました。実は私は、『芝棟』に書かれている、「（雪降ろしに支障をきたすなどの理由から）芝棟は積雪地に不向きだともいわれている」（p.291）という記述に、実際には豪雪地にも芝棟がかなり存在しているため、以前より疑問を感じていたのですが、運転手さんから「豪雪地域だからこそ芝棟にしていた。酒田を中心に日本海沿岸は、風が強いから板葺石置屋根や瓦屋根だったけれど、新庄盆地は豪雪なので、重たい瓦屋根にはできなかった」とのお話を伺うことができ、大変納得しました。藩主の墓所までも芝棟になっている地域は、新庄のほかに確認できていません。

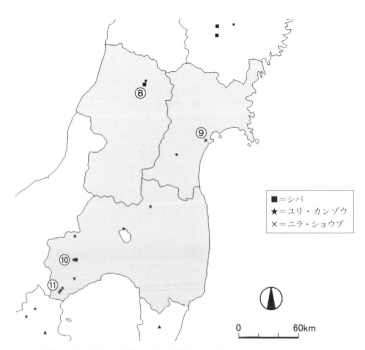

東北地方南部　見学可能な芝棟の分布図（丸数字は写真番号）

⑧-1　新庄藩主戸沢家墓所（2018/7/22）　1号棟から6号棟まである。

⑧-2　新庄藩主戸沢家墓所の芝棟部分（2018/7/22）
シバ（地元では、荒れシバという）の芝棟。非常に小ぶりである。

⑨-1 今野家住宅（東北歴史博物館　2018/7/22）

⑨-2 今野家住宅ベンジョ（東北歴史博物館　2018/7/22）
芝棟には、ニラやショウブが植えられている。

《宮城県》

　移築前から宮城県内にあった芝棟は、宮城県石巻市北上町橋浦から東北歴史博物館へ移築された今野家住宅（⑨）のベンジョのみとなっています。国営みちのく杜の湖畔公園にある旧山本家住宅は、福島県南会津郡南会津町から移築したものです。『芝棟』にも、宮城県内の芝棟の記述は少なく、それ以上の情報を得ることはできていません。

《福島県》

　福島県は、阿武隈高地と奥羽山脈により、太平洋側から浜通り、中通り、会津の3つの地方に分けられます。『芝棟』によれば、どの地域にも芝棟がありましたが、現在は会津地方にしかありません（⑩）。福島市民家園にある旧馬場家住宅は、南会津郡南郷村宮床字居平528番地（現在の南会津町）から移築したものです。会津地方のなかでも、豪雪地域に芝棟が多く残されており、ほとんどの芝棟に、ユリやカンゾウなどが植えられています。

　なかでも有名な芝棟は、檜枝岐村にある檜枝岐歌舞伎の舞台（⑪）ではないでしょうか。檜枝岐歌舞伎が秘境の農村歌舞伎として取り上げられるため、歌舞伎の舞台も写真や映像に写ることが多いのです。また、檜枝岐村の出作り小屋は石置屋根が多いものの、芝棟もあり、現在は貸別荘等として活用されています。

⑩ 旧山内家住宅（2018/9/17）

⑪-1 檜枝岐の舞台 (2018/9/17)

⑪-2 檜枝岐の舞台の芝棟部分 (2018/9/17)

関東甲信越地方の芝棟

数は少ないものの、会いに行ける芝棟は首都圏にも残っています。

《群馬県》

　県内全域に芝棟が分布していた群馬県ですが、現在は7か所になっています。芝棟に使用されている芝棟植物も、福島県との県境である豪雪地域の利根郡ではユリやヤブカンゾウ（⑫）、渋川や前橋ではイチハツ（⑬）となっています。沼田周辺では、イワヒバの芝棟が多かったという話を複数聞きましたが、残念ながら1棟もありませんでした。甘楽町の楽山園は、群馬県内唯一の大名庭園で、2000年に国指定名勝となって復原工事を行い、2012年に開園した新しい芝棟です（⑭）。

　山本丘人の《空に咲く》のモデルとなった北軽井沢周辺の芝棟は、残念ながら

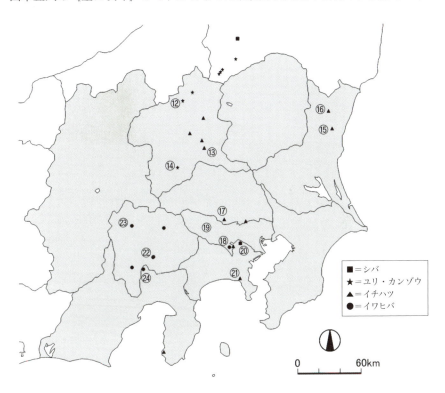

関東甲信越地方　見学可能な芝棟の分布図（丸数字は写真番号）

⑫ 旧戸部家住宅（2018/8/24）　2024年現在は、補修のためシートがかけられている。

⑬ 関根家住宅（2018/8/24）
養蚕農家住宅である赤城型民家の典型例。前橋市飯土井町にあった関根順次氏の民家を移築。

⑭-1　楽山園拾九間長屋（2020/6/29）

⑭-2　楽山園梅の茶屋（芝棟）と五角形の腰掛茶屋（2020/6/29）

見つかりませんでした。

《栃木県》

『芝棟』では、宇都宮以北に分布が確認されていますが、2024年現在、1棟も見つけることができませんでした。芝棟消滅エリアと思われます。

《茨城県》

第1章で取り上げた水戸黄門の西山御殿（⑮）と、ヨーロッパの芝棟を見て影響を受け2000年以降に新築された建物（慈久庵：⑯）の2棟のみとなっています。どちらもシバとイチハツによる芝棟です。黄門さまとアントワネットではありませんが、西山御殿の近隣にヨーロッパ的な芝棟があるという偶然に驚かされます。

慈久庵は、ヨーロッパの芝棟をイメージして建築されており、建物全体がフランスの芝棟に似ています（ただし、工法は日本の他の芝棟と同じで、フランスとは異なる）。茅葺の厚みが他の日本の茅葺と比較して薄い点も、フランス風です。敷地周囲の塀の上にもシバが植えられており、このような塀をフランスでも見かけました。フランスへ調査に行き、改めて慈久庵の芝棟を見直すことで、日本とヨーロッパの茅葺屋根や芝棟の違いを確認することができました。

《埼玉県》

所沢以西の関東山地にかけて多数あった埼玉県ですが、現在は、所沢市の小野家住宅と和光市の新倉ふるさと民家園に移築復原された旧富岡家住宅の2棟のみとなっています。

小野家住宅（⑰）は、18世紀初頭（江戸中期）に建築されたと推定されており、建築後、たびたび改修され、1978年に解体保存修理工事を実施し、江戸時代の建築に復原され、イチハツの芝棟となりました。その後、2002年度、2017年度に葺き替えが行われています。

旧富岡家住宅は、17世紀後期（江戸中期）の古民家と推定されています。1988年の東京外郭環状道路建設に伴う解体時には、芝棟ではありませんでしたが、2006年の移築復原の際にイチハツの芝棟にしました。

2020年8月10日付の読売新聞朝刊文化面に、「茅葺「芝棟」地域の風土反映」を寄稿したところ、埼玉県在住の方から、昭和40年頃まで、生家（上尾市）の

⑮-1　西山御殿（2024/5/1）

⑮-2　西山御殿のイチハツ（2024/5/1）

⑯-1　慈久庵（2023/7/1）

⑯-2　慈久庵の芝棟部分（2023/7/1）

⑰ 小野家住宅（2018/12/9）

裏の茅葺屋根の上にアヤメが咲いていたとの素敵な絵手紙を頂戴したことがあります。このような情報提供はとてもありがたく、感謝の念に堪えません。

《東京都》

　2024 年現在、東京都内には 2 棟の芝棟があります。町田市立薬師池公園にある旧永井家住宅 (⑱) と、同じく町田市内の工務店が所有する可喜庵です。

　旧永井家住宅は、17 世紀後半（江戸中期）に建築された農家で、町田市小野路町から 1975 年に薬師池公園に移築復原されたものです。2024 年には棟の補修を行うために芝棟植物が屋根から降ろされていたので、じっくりと観察することができました。イワヒバがメインですが、イチハツも植えられています。2018 年に住宅裏の斜面上部から棟を観察した際も、立派なイワヒバだと思いましたが、屋根から降ろされたイワヒバを見て、感動を覚えました。

　可喜庵は、江戸末期の建物で、2009 年に葺き替えを行い、イチハツの芝棟にしたそうです。可喜庵のある小田急線鶴川駅付近は、1955 年頃多数のイチハツの芝棟があったと『芝棟』に記載されている地域です。

　『芝棟』に記載のある、会席料理店「黒茶屋」（東京都あきる野市小中野 167：⑲）ですが、芝棟の進化形となっています。正門は茅葺屋根全体が植物に覆われており、母屋は銅葺屋根の箱棟部分に植栽が行われています。また、井戸の屋根は、2018 年に訪問した際には、正門と同じく茅葺屋根全体が植物に覆われていましたが、2024 年現在、公式サイトの写真では置千木という棟仕舞になっています。

《千葉県》

　『芝棟』でも、自分の目で一つも見たことのない唯一の県と書かれていましたが、最近、いすみ市にある古民家をリフォームした宿泊施設、ブラウンズフィールド「慈慈の邸」にて、庵を稲藁葺きで芝棟にしたという記事を見つけたところです。

《神奈川県》

　2014 年 4 月 29 日、川崎市立日本民家園の清宮家住宅 (⑳) へイチハツが開花している様子を見に行ったのが、私の初めての芝棟調査でした。「はじめに」でも書きましたが、1995 年に山本丘人の《空に咲く》に出合い、当時は「芝棟」

⑱-1 旧永井家住宅 (2018/7/16)

⑱-2 旧永井家住宅の芝棟植物 (2024/2/12)
イワヒバは葉を巻き込み、冬眠状態となっている。

⑱-3 旧永井家住宅の芝棟植物 (2024/4/30)
イワヒバが展葉し、イチハツも見られる。

⑲-1 黒茶屋正門 (2018/9/11)

⑲-2 黒茶屋銅葺きに植栽 (2018/9/11)

⑲-3 黒茶屋井戸 (2018/9/11)

⑳ 清宮家住宅 (2014/4/29)

㉑-1　旧大佛次郎茶亭（2024/10/5）

㉑-2　旧大佛次郎茶亭のシバとイチハツの芝棟（2024/10/5）

という用語も知らず、屋上緑化を勉強し始めたばかりの私は、茅葺屋根に植栽するなんて、ロマンチックで、しかも時代の先取りをしているなという認識でした。2003年、職務として屋上緑化の研究を担当した折に、神保町の古本屋、明倫館書店で『芝棟』を購入したように記憶しています。それからの10年は怒濤の毎日でしたが、ふと、日本民家園に芝棟があることを思い出し、今日ならイチハツが咲いているのではという期待を抱いて出かけたことを今でも覚えています。予想通り、清宮家住宅と蚕影山祠堂にイチハツが咲いており、芝棟を見ることができた嬉しさに涙しました。

日本民家園には、山梨県塩山市から移築したイワヒバの芝棟である広瀬家住宅と岩手県紫波町から移築した工藤家住宅の便所（新しく建設したもの、カンゾウやニラの芝棟）もあります。移築前の広瀬家住宅の芝棟を解体した際、「屋根の一番下に白芋の茎を挿しておき、飢饉のときは引っ張り出して食べた」という言い伝え通り、白芋の茎が出てきたそうです。また、どの家もイワヒバとシバの芝棟だが、イワヒバがメインとなっていた芝棟は村で1軒だけであり、イワヒバは朝晩の湿気で繁殖し、標高が上がるほど繁殖が早かった、と言われていたそうです。

2022年には、鎌倉の鶴岡八幡宮近傍にある旧大佛次郎茶亭（㉑）が改修工事でイチハツの芝棟となり、2024年10月からカフェ利用ができるようになりました。大佛次郎は『屋根の花』という芝棟に関するエッセイを残すほど芝棟を好んでいたようです。

　「横須賀線で上京する途中、戸塚のトンネルの手前で農家のカヤぶき屋根の一部に、白いユリの花がいくつも咲いているのが目をひいていた。短い季節の間だけのものだが、珍しいながめなので、花が過ぎると一年中忘れてしまっても、また咲くころがくると、ああことしも咲いていると急に思い出してなつかしんだ。前の日曜日に、気がついてながめたが、ことしは早くも花が老けたようである。」

　「もう大正時代になるが、保土ヶ谷の昔の東海道筋をはさんだ農家が、カヤぶき屋根のむねに、どこでもイチハツを植えてあって、季節が来ると花が咲いた。アヤメがあったように私は思うのだが、それは記憶違いとして、イチハツは、どの屋根でも薄いふじ色がかった白い花を咲かせた。」

（昭和34年7月初出、講談社文芸文庫『旅の誘い 大佛次郎随筆集』より）

第2章 日本の芝棟　39

《山梨県》

　山梨県は、かつては芝棟王国といわれるほどでしたが、現在は4か所で見られるのみとなっています。

　富士五湖の一つ西湖のほとりにある西湖いやしの里根場にある、芝棟の旧渡辺家住宅は、1966年の土砂災害を経て今に残る数少ない建物です。また、西湖野鳥の森公園内の建築物の多くがイワヒバの芝棟です（㉒）。湖北ビューラインからも芝棟が見え、公園内を散策するとあちらこちらに芝棟が点在しており、驚きました。地元の方にお話を聞いても、芝棟は特別なものではなく、「屋根にはイワヒバを載せるもの」という認識であり、芝棟という名称も知られていませんでした。

　南部町柳島から富士川クラフトパークへ移築した旧萩原家住宅、甲州市塩山にある田舎暮らし体験施設「もしもしの家」、北杜市の八代家住宅（㉓）もイワヒバの芝棟となっており、県内の芝棟は全てイワヒバです。

㉒ 西湖野鳥の森公園 （2018/12/3）

40

㉓-1　八代家住宅（2023/11/3）
個人所有のため、通常は非公開。文化の日に行われる一般公開で見学。

㉓-2　八代家住宅のイワヒバの芝棟部分（2023/11/3）
葉を巻き込み、冬眠状態となっている。

《静岡県》

　世界文化遺産にも登録された「明治日本の産業革命遺産」の一つである韮山反射炉を手掛けた幕末期の代官・江川英龍(坦庵)の江川邸がイワヒバの芝棟であったことは(解体修理時に銅葺きに変更)、『芝棟』にも書かれている通りです。同じく『芝棟』に記載のある富士宮市にある竹川家四足門(㉔)のイワヒバの芝棟は2023年に全解体修理工事が行われ健在なものの、その他には芝棟は見当たらなかったのですが、2024年に西伊豆の松崎町にある石部棚田水車小屋が葺き替え工事を行い、芝棟になったそうです。芝棟には、ノシバをはじめ、ギボウシ、カンゾウ、ヤマユリ、アヤメ、ニラ、細ネギなど、さまざまな植物を混植しているとのこと。松崎町は、芝棟の水車小屋のある青森県田子町と同じく、「日本で最も美しい村」連合(https://utsukushii-mura.jp)に加盟している自治体です。美しい村の風景に、芝棟の水車小屋はお似合いですね。

《長野県》

　『芝棟』において、近代分布の西限とされていた長野県ですが、私が知る限り、芝棟は見つかっていません。県内に、茅葺民家はあるものの、芝棟は見当たりません。芝棟を見かけられましたら、ぜひ一報をいただければと思います。

㉔ 竹川家四足門 (2025/2/15)

近畿地方の芝棟

西日本で一か所のみ、見学可能な芝棟があります。

《大阪府》

豊中市にある日本民家集落博物館に岩手県矢巾町から移築した旧藤原家住宅（㉕）があります。これまではイチハツの芝棟でしたが、夏季の暑さで枯れてしまうため、2013年度の改修時にシランによる芝棟になりました。現在、西日本で見学できる唯一の芝棟となっています。

㉕-1　旧藤原家住宅
　　　（2022/5/26）

㉕-2　旧藤原家住宅付属屋
　　　（2022/5/26）

さまざまな芝棟植物

　日本各地の芝棟を紹介してきましたが、地域によって芝棟に使用されている植物が異なることに気がつきましたでしょうか。

　芝棟植物の分布には地理的特性が見られ、東北地方太平洋側（やませ常襲地域）と内陸山間部（豪雪地域）では、ユリ・カンゾウ・ネギ・ニラといった、一種の救荒作物が使用されています。これらの植物は、江戸時代、米沢藩上杉鷹山の提唱した『かてもの』（糧となる野草類を列記し、調理法・食べ方を記した手引き書）に掲載されている植物であり（髙垣1998）、江戸時代前期に書かれた日本で最初の体系的農書である『農業全書』にも、ユリは「民家にも必ずうゆべし。第一民の食を助けて飢饉をすくふ。」とあることから、冷夏をはじめとした自然災害による飢饉等に見舞われやすい地域では、江戸時代から意識して上記の植物を植えていたことが推察されます。しかし、救荒作物として植えたわけではなく、自然現象として、鳥による種子散布やシバ土に種子が混入していた可能性もあり、近年葺き替え施工した芝棟を調査したところ、植栽した場合と自然に生えてきたものの両方が確認されました。

　神奈川県の広瀬家住宅で紹介したように、イワヒバの芝棟の土の中に白芋（サツマイモの一種）の茎を植え、飢饉の際に引っ張り出して食べていたという言い伝えは、救荒作物以外の芝棟であっても、飢饉への備えとして有用であったことを示しています。

　芝棟植物は、通常、植え放しであり、水やりはしません。晴天が続くと、乾燥に強いとされているイチハツの葉も萎れてきます。イチハツは、その萎れ具合で乾燥の程度を測り、燃えやすい茅葺屋根に水をまくなどして火災を予防していたと言われ、西山御殿（茨城県）をはじめ、埼玉県、東京都、神奈川県など関東平野部に多く見られます。また、イチハツは大風を防ぐという迷信から植えられたり、大風による屋根の崩れを防ぐために植えられたりもしていたようです。

　江戸時代末期から1960年代にかけて撮影された写真に、イチハツの芝棟が多数あり、関東平野部では、日常的に見られる景観であったことがわかりました。特に、神奈川県の保土ヶ谷周辺にイチハツの棟が並んでいたという記述は多数確認されており、日本植物学の父とも称される牧野富太郎は、次のように記しています。

芝棟植物図鑑

イチハツ *Iris tectorum* アヤメ科

中国原産。4月下旬〜5月に径10cmほどの藤紫色の花をつける。葉は剣形で、扇状に開く。乾燥に強く、丈夫である。

ヤブカンゾウ *Hemerocallis fulva* var. *kwanso* ワスレグサ科

中国原産。7〜8月に、ユリに似た八重咲きで橙赤色の花を次々に開く。朝に開いて夕方にしぼむ一日花。若芽や花蕾は食用となる。

ヤマユリ *Lilium auratum* ユリ科

山地に生える日本特産のユリ。7〜8月に咲く花は大型で白く、山中でもよく目立ち、強い芳香を放つ。鱗茎は食用のユリ根になる。

コオニユリ *Lilium leichtlinii* ユリ科

東アジア北部に分布。7〜8月に咲く花は、花被弁が強く反り返り、長さ7cmほど、赤橙色で内面に黒褐色の斑点がある。山地の草原や低地の湿原に生育する。

芝棟植物図鑑

シバ（ノシバ） *Zoysia japonica* イネ科

地下に根茎を長くのばす、背の低い在来の多年草。日当たりのよい地に自生する。高温多湿に強く、乾燥にもよく耐えるため、芝生に使われる。

イワヒバ *Selaginella tamariscina* イワヒバ科

シダ植物。乾燥すると枝全体が内側に巻き込むように丸まり、雨などで水分が十分に補給されると、数時間から数日で、枝をのばして輪生状に広がる。

ニラ *Allium tuberosum* ヒガンバナ科

東アジア原産の多年草。欧米では栽培されていない東洋を代表する野菜。8～9月頃、花茎の先端に、半球形の花序をつけ、白い小さな花を咲かせる。

ネギ *Allium fistulosum* ヒガンバナ科

中国西部・中央アジア原産の多年草。根深ネギと葉ネギに大別されるが、各地に多数の在来品種がある。春にネギ坊主ができ、白緑色の花を咲かせる。

「この学名の Iris tectorum Maxim. の tectorum は「家根ノ」或ひは「家屋ニ生長シテヰル」との意味である。この種名はこの学名の命名者マキシモウィチ★（Maximowicz）氏が日本で家根のイチハツを望み見て名づけたものである。そしてその研究命名の材料の一は横浜附近で得たのだから、多分それは程ヶ谷町（保土ケ谷町）で採つたのであらう。そして同地では今日でもなほイチハツの藁葺屋根が残つてゐる。」

牧野富太郎「屋根の棟の一八」より（『随筆 植物一日一題』昭和28年、東洋書館）

★マキシモヴィッチ：ロシア人の植物学者。幕末に来日し、精力的に日本の植物相調査を行った。草創期の日本の植物研究者は、帰国した彼に植物標本を送って同定を依頼しており、牧野も自ら採集した標本を数多く送付している。

　現在の横浜石川町（元町・中華街）周辺に多数の芝棟が並んでいる写真も残っており（東京大学史料編纂所古写真研究プロジェクト編 2018）、2022年に鎌倉の旧大佛次郎茶亭がイチハツの芝棟になったことは、地域の景観を継承する観点からもよい事例だと思われます。

　関東山地周辺に多く見られるイワヒバは、江戸時代から盆栽としての価値があり（日野原・平野 2013 ほか）、屋根の葺き替え費用に充てられていたと言われていました（真田町誌編纂委員会 1999）が、群馬県沼田市で芝棟に居住していた方から、芝棟1棟のイワヒバの換金額は高額であり、茅葺きをやめて銅葺きの屋根にすることができたことを聞き取ることができました（2018年8月24日）。また、茨城県大子町でイワヒバを販売している盆栽業者からは、1970年代頃までは、群馬県や栃木県にある茅葺きの葺き替えや解体の情報が入ると、

江戸時代の園芸書に描かれたイワヒバ：左下（『草木奇品家雅見』 文政10年　国立国会図書館所蔵）

茨城県大子町からイワヒバの買い付けに行っていたとの話を聞くことができ（2018年1月21日）、イワヒバが一種の換金作物であり、芝棟をめぐる経済活動の一面が明らかとなりました。現在も、イワヒバの芝棟があった地域の道の駅などでは、イワヒバの盆栽が販売されていることが多いです。

植木の屋台で売られる切り芝（三代歌川豊国『四季花くらべの内　秋』ボストン美術館所蔵）

江戸時代のおもちゃ絵に描かれたイワヒバ。鉢植として一般的だったことがわかる（歌川貞房『新板 樹木づくし』）

たくさんの植木鉢が並ぶ、徳川御三家の一つ田安家の庭園。中央の茅葺屋根にイチハツらしき芝棟が見られる。当時の絵図によると、この庭があったのは、現在の皇居外苑・北の丸公園の北側、田安門を入ったあたりのようだ（『田安家邸園図』国立国会図書館所蔵）

第3章

フランスの芝棟

　フランスの芝棟については、建築家の藤森照信氏がヴェルサイユ宮殿やノルマンディー地方のマレ・ヴェルニエ村のアイリスの芝棟について紹介しています（藤森 2009、2019 ほか）。また、フランスの地方自然公園のサイトに茅葺民家に関する情報が掲載されています。それらの情報を手がかりに、空中写真で芝棟の位置を確認し、2024 年 5 月初旬から中旬にかけて現地調査を行いました。

フランスの芝棟は今も現役！

　フランスの茅葺民家は、20 世紀初頭に急激に衰退し、スレート屋根に取って代わられましたが、1970 年代に防火技術に優れたオランダ工法の登場により新たな茅葺きブームが起こり、現在に至っています。フランスの棟仕舞には、大きく 3 つのタイプがあり、一番古典的な芝棟（フランス語で faîtage en terre、「土棟」の意）、現在一般的なセメント棟（faîtage en ciment）、それにタイル棟（faîtage en tuile）です。茅葺きの専門家は、フランス国内で 100 人足らずしかおらず、日本と同様に技術の伝承が課題となっています。フランスにおいても茅葺民家の棟数は減少しており、古典的な棟仕舞である芝棟は特に少なくなっているそうです。

　2024 年 5 月現在、フランス国内のうち、パリ近郊（ヴェルサイユ宮殿プチ・トリアノン、シャンティイ城）、ノルマンディー地方（セーヌ・ノルマンディー地方自然公園茅葺街道など）、ペイ・ド・ラ・ロワール地方からブルターニュ地方（ブリエール地方自然公園やモリビアン湾地方自然公園など）を中心に芝棟が存在しています。全体の棟数は把握できていませんが、数百〜千棟程度はあると思われます。日本では、現存する芝棟のうち、青森県三八上北地域から岩手県二戸久慈地域に現在も居住している一般民家があるものの、その他の地域では文化財に指定され、現地もしくは民家園等で保存されています。フランスでは、ほとんどの芝棟が現在も居住している一般民家であり、非常に手入れが行き届いています。民家園（Kerhinet Historic Village, Musée de Plein Air）で保存されている棟数は 20 棟程度と非

49

フランスの茅葺民家の棟仕舞　左：芝棟（茅葺街道　2024/5/10）、中：セメント棟（ケリネ歴史村　2024/5/11）、右：半円形のテラコッタタイル棟（茅葺街道　2024/5/10）

常に少なく、芝棟のある景観が日常に溶け込んでいました。

日本の芝棟との違い

　日本の芝棟は、沿岸部にはあまり見られませんが、フランスの芝棟のほとんどが沿岸部もしくは沿岸河口部にあります。これは、茅葺きの材料である茅の供給に起因するものと考えられます。日本では、ススキが最もよく使用されていますが、フランスでは、かつてはコムギなどの穀物、現在はヨシが多く使用されています。ヨシが生育している沿岸部や河口周辺部の湿地帯が茅の供給場所となり、現在でもその周辺に茅葺きが存在しているのでしょう。地中海に面し、ローヌ川

フランスの芝棟植物

ジャーマンアイリス▶
Iris germanica
アヤメ科

アイリス
（茅葺屋根街道 2024/5/10）
棟に土を載せ、植栽していることがよくわかる。

◀センペルビウム
（ヤネバンダイソウ）
Sempervivum tectorum
ベンケイソウ科

センペルビウム
（茅葺屋根街道 2024/5/10）
アイリスの手前にセンペルビウムが列状に植栽されている。

セダム
（茅葺屋根街道 2024/5/10）
セダムがぎっしりと生え、その間にアイリスが見える。

シダ植物
（茅葺屋根街道 2024/5/10）
棟の端にシダ植物が植えられている。

Sedum acre ▶
ベンケイソウ科

◀ *Polystichum aculeatum*
オシダ科

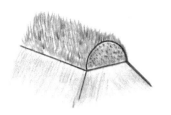

　シバ土を載せた日本の芝棟　　　土を載せて植物を植えたフランスの芝棟

　河口の三角州地帯であるカマルグは全国規模のヨシの供給地となっており、茅葺民家も多いのですが、カマルグの棟仕舞は、伝統的に白い石灰質のモルタル棟が特徴となっているそうです。
　フランスの芝棟に使用されている植物は、アイリス、多肉植物のセンペルビウムとセダム、それにシダ植物であり、日本の芝棟のようにシバ土（切り芝）を載せるのではなく、土を載せ、その土に植物を植えていきます。土の種類は、黒土を使う場合や粘土、牛糞、植物繊維を混合したものを使用することもあります。日本でも土のみを載せ、そこにイワヒバなどを植えている芝棟もありますが、多くはシバ土です。この工法の違いは、気候の違いにあるのではないかと私は推測しています。
　日本はフランスに比べ高温多湿です。東京とパリ、また、芝棟の多く残る八戸、フランスのルーアン（ノルマンディー地方）、ナント（ペイ・ド・ラ・ロワール地方）の雨温図を見てみましょう。
　東京とパリの気候を比較すると、気温は、夏季ではパリのほうが低く、年平均気温でもパリのほうが低くなっています。年降水量は、東京が1598mmであるのに対し、パリは622mmと東京の半分以下です。同様に、芝棟が多く残る八戸とルーアン、ナントの気候を比較しても、八戸とルーアンの年平均気温はほぼ同じですが、夏季の気温は八戸のほうが高く、冬季はルーアンのほうが高いです。ナントは冬季の気温が高いため、年平均気温が他の2都市と比べ、高くなっています。年降水量を比較すると、200mmほど八戸のほうが多くなっています。
　高温多湿な東岸気候である日本に対し、フランスは夏涼しく、冬温暖で降水量が少ない西岸気候であることがわかります。日本で、フランスのような土だけを載せ、植物を植えると、雨で土が流されてしまう可能性が高いです。だからこそ、日本ではシバ土を何枚も載せ（3枚程度のことが多い）、そこに植物を植え込んでいるのでしょう。逆に、降水量の少ないフランスでシバ土を載せると、乾燥で枯れてしまうので、土で固めることで乾燥に耐えているのかもしれません。

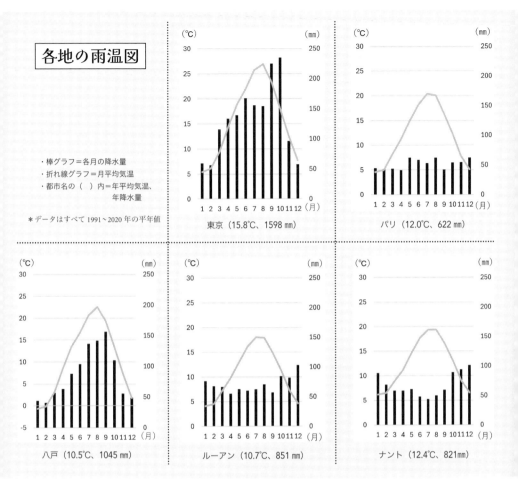

各地の雨温図

・棒グラフ＝各月の降水量
・折れ線グラフ＝月平均気温
・都市名の（ ）内＝年平均気温、年降水量

＊データはすべて 1991〜2020 年の平年値

東京（15.8℃、1598 mm）　パリ（12.0℃、622 mm）
八戸（10.5℃、1045 mm）　ルーアン（10.7℃、851 mm）　ナント（12.4℃、821 mm）

　ブリエール地方自然公園にあるケリネ歴史村では、芝棟にイネ科草本が生えていましたが、これはシバ土ではなく自然発生しているものだそうです。
　また、これは芝棟とは直接関係ありませんが、フランスの茅葺屋根と日本の茅葺屋根とで決定的に違う点として、茅葺きの厚みの違いがあげられます。日本の茅葺きの厚みは、40〜60 cm 程度のものが多いですが、フランスでは 35 cm 程度です。これまで写真等でフランスの茅葺きを見ていた時には気がつきませんでしたが、実際に現地で茅葺きを前にし、その違いに驚きました。この厚みの違いも日本とフランスの気候の違いに拠ります。茅葺職人の相良育弥氏によれば、高温多湿な日本に対し、冷涼なフランスの気候では、茅葺きの材料であるヨシなどの草丈が短いため、日本のような厚みのある茅葺きを葺くことができないそうです。

第 3 章　フランスの芝棟　53

フランスの芝棟植物

　日本と異なり、フランス国内では芝棟植物の地域差は見られませんでした。どの地域でも、アイリスが主となっており、アイリスのなかでもジャーマンアイリスが多いようです。庭先にあるアイリスと比較すると、芝棟のアイリスは矮性化しているように見えました。アイリスは、フランス王家の紋章であり（遠山 2019）、干ばつによく耐える特性があるため、フランスの芝棟に植えられているのかもしれません。アイリスの足元には、センペルビウムやセダムが植えられていることが多く、シダ植物は少なめでした。

　センペルビウムはフランス語で La joubarbe des toits（「屋根のネギ」の意）といい、英語名の House leek（「家のネギ」の意）よりも芝棟植物らしさが伝わります。学名（ラテン語）の *Sempervivum tectorum* は「屋根の上の常緑植物」を意味します。日本では、屋根万代草（ヤネバンダイソウ）とも呼ばれ、遠山（2009）に、「〔中世・フランク王国全盛期にカール大帝が発布した、王領地経営の指針である〕カール大帝御料地令第 70 条に、「どの庭師も自分の家の屋根にはヤネバンダイソウを植えつけるべし」とあり、ヤネバンダイソウは雷神に奉納されたハーブで、古来、これが屋根に生えた家は稲妻、雷鳴、火災、厄病、魔物の難をまぬかれるという言い伝えがあった。」と書かれています。

　このように、ヨーロッパでは昔から屋根に、わざわざ植栽する植物であり、セルビアにも同様な言い伝えがあります。また、ドイツでは屋上緑化植物の研究で、セダムやセンペルビウムが適していることが確認され、現在、薄層型屋上緑化植物として、これらが使用されています（Tomazovic 2016）。

アイリスの花を様式化したフランス王家の紋章をまとうルイ 14 世（イアサント・リゴー画　1701 年　パリ、ルーヴル美術館所蔵）

フランス各地の芝棟

では、フランス各地の芝棟の現状について紹介していきましょう。

［パリ近郊］

★ヴェルサイユ宮殿プチ・トリアノン王妃の村里

　日本で最も有名なフランスの芝棟は、ヴェルサイユ宮殿プチ・トリアノン王妃の村里。ヴェルサイユ宮殿は、パリへ行く日本人観光客の多くが訪れるスポットではないでしょうか。30年前、大学の卒業旅行で、友人2人とともにヨーロッパを周遊した際、『ベルサイユのばら』世代ということもあり、パリといえばヴェルサイユ宮殿ということで、半日を費やしました。しかし、当時のアルバムをひっくり返しても、茅葺民家は写っていません。なぜなら、多くの日本人がイメージ

ヴェルサイユ宮殿正門（2024/5/8）

ヴェルサイユ宮殿庭園（2024/5/8）

レーヌ門からトリアノン宮殿への道。有料の乗り物（パークバスや自転車）の必要性を実感（2024/5/8）

するヴェルサイユ宮殿は、およそ800ha（皇居の約7倍、東京ドーム170個以上）の広大なヴェルサイユの入口にそびえる宮殿部分（Château）であり、背後に広がるル・ノートルによるフランス式庭園（Parc）やトリアノン（Domaine de Trianon）にまで足を運ぶことは少ないのです。

　2024年5月はパリオリンピック直前だったため、ヴェルサイユ宮殿は世界中から集まった観光客でごった返しており、入園チケットの予約（日本からインターネット予約が可能）も困難を極めました。ヴェルサイユ宮殿全体のチケットは完売のため、トリアノンのみにしたところ、正門からでなく、2kmほど先のレーヌ門（Grille De La Reine）からの入園となり、芝棟のあるプチ・トリアノン王妃の村里までさらに2kmほど歩き、ようやく到着です。

　プチ・トリアノンに入ると、まず、愛の神殿（Temple de l'Amour）が現れ、小川を渡った池の向こうに、王妃の村里（Hameau de la Reine）が広がっています。王妃の村里は、1783年にマリー・アントワネットから命じられた建築家リシャール・ミック（Richard Mique）が、ノルマンディーの田舎風の建物（ノルマンディー様式）とシャンティイ城のコンデ公の村里（後述）から着想を得て建設したものです（ピエール2019）。王妃の村里にある10棟の建物のうち、王妃の家（Maison De La Reine）をはじめ、農場（La Ferme）や鳩小屋（Colombier）などの8棟は、ジャーマンアイリスとセダムの芝棟です。ヴェルサイユ宮殿に、こんなにも芝棟があるとは思ってもみませんでしたし、1棟の大きさも日本の芝棟民家とは比較にならないほどの規模です。葺き替え直後や葺き替え中の建物もあり、芝棟が維持されていることもわかりました。1棟ずつ、東西南北の各方向から芝棟をじっくり観察・撮影していたところ、私のほかにも芝棟の写真ばかりを撮影している方がおり、思わずアイコンタクト。芝棟を堪能し尽くした後、追加料金を払い（！）、フランス式庭園を見学しました。

愛の神殿（2024/5/8）

次頁上：王妃の家全景（2024/5/8）
下：王妃の家の裏側（2024/5/8）

鳩小屋の芝棟（2024/5/8）

前頁上：王妃の家の芝棟（2024/5/8）
　　下：農場（2024/5/8）

マリー＝アントワネットは息詰まるような宮廷を逃れ、この「王妃の村里」で子どもたちとともに過ごすことを好みました。また、ごく親しい友人だけを招待して食事をし、屋内ではビリヤードやゲーム、屋外ではペタンクやクロケットに興じ、湖でボートに乗って楽しんでいたと言われています。

第3章 フランスの芝棟　59

★シャンティイ城

　プチ・トリアノン王妃の村里の造営にあたり参考にされたシャンティイ城（Château de Chantilly）。長い歴史を持つこの城の礎（いしずえ）を築いたのは、14世紀のフランスの大法官、ピエール・ドルジュモン（Pierre d'Orgements）です。その後、数々の所有者により増改修され、19世紀後半に今の形が出来上がりました。城は、現在、コンデ美術館（Musée Condé）となっており、所狭しと名画が陳列されています。また、最も美しい装飾写本として名高い《ベリー公のいとも豪華なる時禱書 Les Très Riches Heures du Duc de Berry》を所蔵（非公開、レプリカを展示）していることで有名です。ヴェルサイユ宮殿の庭園と同じく、ル・ノートルによるフランス式庭園や大厩舎（Grandes Écuries）などがあります。大厩舎はヨーロッパ随一の規模であり、馬の博物館（Musée vivant du Cheval）になっています。

シャンティイ城（2024/5/9）

シャンティイ城から見た大厩舎と競馬場。奥の森の向こうがシャンティイ・グヴュー駅（2024/5/9）

コンデ美術館（2024/5/9）

英国式中国風庭園の村里（2024/5/9）

レストランの芝棟（2024/5/9）

61

上下とも：納屋の芝棟（2024/5/9）

芝棟は、英国式中国風庭園（Le jardin anglo-chinois）にあります。1773 年に建築家ジャン＝フランソワ・ルロワ（Jean-François Leroy）が、ルイ＝ジョゼフ・ド・ブルボン＝コンデ公（Louis-Joseph de Bourbon-Condé）のために設計し、1775 年に 7 棟（現在は 5 棟）で構成された村里が完成しました。それらの建物は、現在はレストラン（Aux Goûters Champêtres Restaurant du Hameau）になっており、名物のクレーム・シャンティイ（シャンティイ城が発祥の生クリームと砂糖を泡立てたホイップクリーム）が食べられます。

　シャンティイ城はパリ北東のオワーズ＝ペイ・ド・フランス地方自然公園内に位置し、パリ北駅からクレイユ（Creil）行国鉄（TER）に乗り 40 分程度でシャンティイ・グヴュー駅(Chantilly Gouvieux)に到着。シャンティイ競馬場（Hippodrome de Chantilly）や大厩舎を見ながら歩くこと 35 分 (2.5 km)、ようやく城の入口に着き、さらに 10 分ほど歩くと芝棟が見えてきます。英国式中国風庭園の 5 棟の建物のうち、3 棟が芝棟となっており、ジャーマンアイリスが咲いていました。ヴェルサイユ宮殿の芝棟に比べると、建物自体もこじんまりとしていましたが、これらがあったからこそ、あの立派なヴェルサイユの芝棟が建てられたんだなぁと感慨にふけりつつ、芝棟を眺めながらいただいた、クレーム・シャンティイの味は格別でした。

　朝、シャンティイ・グヴュー駅でほとんどの乗客が降りましたが、みなさん軽登山に近いハイキングの服装で、お城の見学にしては重装備……。しかし、シャンティイ城を見学した結果、その服装に納得できました。お城の周囲にはハイキングルートも整備されており、まさか、フランスでハイキングするとは思ってもみませんでした（幸い、私もハイキングの服装だったのですが、フランス人が身に着けていたアウトドアブランド、ケシュア Quechua が気になり、パリのショップに立ち寄ってしまいました）。公共交通でシャンティイ城へ行かれる際は、ハイキングの服装をお勧めします。

ラズベリーシャーベットに添えられたクレーム・シャンティイ。甘酸っぱいラズベリーにクレーム・シャンティイの甘さがほどよく、美味（2024/5/9）

第 3 章　フランスの芝棟　　63

セーヌ・ノルマンディー地方自然公園管理事務所（2024/5/10）

塀が芝棟となっている。

芝棟塀の芝棟植物。アイリスの根元にセダムがぎっしりと生えている。

5haの広々とした敷地に50人の職員が配置されている。

管理事務所前の二つの街道の始点。ここから全長53kmの茅葺街道と62kmのフルーツ街道が始まる。

[ノルマンディー地方]

　フランスで、芝棟といえばノルマンディー地方(様式)と考えられており、日本での東北地方と似ています。ノルマンディー地方出身のモーパッサン(Henri René Albert Guy de Maupassant)の短編『農場の少女の物語　Histoire d'une fille de ferme』(1881)にも、「建物の茅葺屋根は、その上にサーベルのような葉をつけたアイリスが生えていて、馬小屋や納屋からの湿気が藁を通って逃げたかのように、少し煙っていました。」という一節があります。

　マレ・ヴェルニエ村(Marais-Vernier)に芝棟が多数あることはわかっていましたが、公共交通のみでは訪問が難しく、どうやって訪ねようかと思案していたところ、幸運にも現地在住の日本人による茅葺屋根の紹介記事をみつけ、ご本人に現地案内をお願いすることができました。セーヌ・ノルマンディー地方自然公園(Parc naturel régional des Boucles de la Seine Normande)管理事務所には、連絡を取ってもらったばかりか、芝棟に関する情報収集や専門家への連絡までしていただきました。インターネットやSNSの発達により結ばれたご縁に感謝してもしきれません。

　パリのサン＝ラザール駅(Gare Saint-Lazare)から地方特急(TER)に乗りイヴト駅(Yvetot)で下車、茅葺施工会社や地方自然公園管理事務所を見つつ、車で全長53 kmの茅葺街道(La Route des Chaumières)をヴュー＝ポール村(Vieux-Port：「古い港」の意)へと向かいます。ヴュー＝ポール村は全長1 km程度の小さな村ですが、多くの建物が芝棟となっており、どの建物も個人が所有し、日常生活が営まれていることに驚きました。葺き替え直後の芝棟などもあり、古い建物を愛し、改修し、住み続けていくというフランス人の信念に触れることができました。芝棟植物は、アイリスを中心に、アイリスの根元にセンペルビウムやセダムを配植したものが多いです。茅葺屋根街道のリーフレットは、地方自然公園のサイト等でダ

茅葺屋根街道のリーフレットより（Route_des_Chaumieres.pdf）

第3章　フランスの芝棟　　65

ヴュー＝ポール村。芝棟がいくつも見える（2024/5/10）

茅葺街道。ヴュー＝ポール村の
メインストリート（2024/5/10）

アイリスが満開の芝棟。この景色を見る
ために、日程を調整しました（2024/5/10）

芝棟の門。民家のほか、門、東屋、物置も芝棟になっている (2024/5/10)

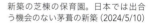

葺き替え直後の芝棟。芝棟植物も整然と並んでいる (2024/5/10)

新築の芝棟の保育園。日本では出合う機会のない茅葺の新築 (2024/5/10)

セーヌ川を遡上する大型客船。日本の河川では見ることのない光景（2024/5/10）

グルシェ＝ル＝ヴァラス村の修道院。まるでお城のような素敵な建築（2024/5/10）

ウンロードすることができます。

　グルシェ＝ル＝ヴァラス村（Gruchet-le-Valasse）にある修道院（Abbaye du Valasse）でランチ、午後からは茅葺屋根について研究、実践されているキャロルさん（Carole Lemans：茅葺建築の研究で、ノルマンディー大学地理学専攻で博士号を取得した新進気鋭の研究者・建築家）に会い、新たに芝棟で施工されたばかりのブロー＝ブジヴィル（Bréauté - Beuzeville）駅前の保育園（キャロルさんが設計）を見学し、フランスと日本の茅葺民家、特に芝棟について意見交換をしました。

［ペイ・ド・ラ・ロワール地方からブルターニュ地方］

　2023年、東京でブルターニュ地方を主題とした2つの美術展が開催されました。「憧憬の地ブルターニュ」（国立西洋美術館）と「ブルターニュの光と風」（SOMPO美術館）です。芝棟が描かれた絵画を探したところ、遠景に芝棟らしき茅葺民家が描かれている作品は10点程度ありました。なかでも、「ブルターニュの光と風」展のアドルフ・ルルー（Adolphe LELEUX）の油彩画《ブルターニュの婚礼 Une Noce en Bretagne》は、芝棟民家が大きくはっきりと描かれており、フランスでも屋根の花園が絵画作品に取り上げられていることを確認できました。

　フランスで芝棟といえば、まずノルマンディー地方があげられますが、絵画にも描かれるようにブルターニュ地方にも多くあります。なかでも、ペイ・ド・ラ・ロワール地方の西端に位置し、ブルターニュ地方との境に位置するブリエール地方自然公園（Parc naturel régional de Brière）とブルターニュ地方の南端に位置する

アドルフ・ルルー《ブルターニュの婚礼》
1863 年 ブルターニュ、カンペール美術館所蔵
右側と奥中央の茅葺民家の屋根に植物が生えているのがわかる。

モルビアン湾地方自然公園（Parc Naturel régional du Golfe du Morbihan）は茅葺民家の維持・再生に力を入れています。ブリエール地方自然公園には、2020 年現在、2225 棟の茅葺民家があり、フランス国内の茅葺民家の 60％を占めています。1970 年にブリエール地方自然公園が創設された時には、その一角にあるケリネ村の住民は 2 人となり荒れ果てていました。そこで、村全体を公園が買い上げ、50 年後の今、ケリネ歴史村として復原、18 棟のコテージが保全されています。

パリ、モンパルナス駅（Gare Montparnasse）から TGV INOUI に乗りナントへ、ナントから TER で、芝棟が保全されているケリネ歴史村の最寄りサン＝ナゼール駅（Saint-Nazaire）へ到着、そこからタクシーでケリネ歴史村へ向かいます。市街地を抜けると、茅葺民家が点在しており、ケリネ歴史村周辺には、芝棟の一般住宅もありました。ノルマンディー地方と異なり、作りこんだ芝棟ではなく、葺き替えの際、古典的な様式として芝棟を選択し、自然の成り行きに任せているといった様相です。芝棟部分に、イネ科植物がなびいていましたが、歴史村スタッフによれば、切り芝を張ったわけではなく、自然に生えてきたものであるとのことでした。アイリスが咲いている芝棟も数棟程度で、セダムは棟の際に見られ、シダ植物も少し見かけました。茅葺屋根全般に関する小冊子や茅葺屋根の維持・保全に関する調査報告書が多数発行されており、ブリエール地方自然公園と隣接のモルビアン湾地方自然公園のサイトには、茅葺屋根士のリスト、茅葺施工の YouTube 動画など、様々な茅葺屋根に関する情報が掲載されています。

フランスの地方特急や TGV は、2024 年 5 月現在、全席指定で、金額は変動制

ケリネ歴史村管理事務所。インフォメーションセンターと売店が併設（2024/5/11）

ケリネ歴史村にある大屋根の芝棟。石造りの建物で軒が長いのが特徴（2024/5/11）

ケリネ歴史村に隣接した茅葺民家。芝棟ではなくモルタル棟（2024/5/11）

ケリネ歴史村にある芝棟。芝棟に草が生えているが、自然発生したもの（2024/5/11）

ケリネ歴史村近くの茅葺民家。芝棟になっている（2024/5/11）

ノルマンディー方面特急。車体にマークがあり、見分けやすい（2024/5/10）

となっており、オフシーズンとハイシーズンでは数倍も価格が異なります。ストライキや車両故障による遅延など噂には聞いていたものの、実際にサン＝ナゼールからの復路の TGV で電気系統が故障し、パリ直前で 30 分（短いらしい）停車し、空調も止まり、蒸し風呂状態になったため、食堂車へ冷たい水を買いに走りました。

地方特急の座席番号表示。わかりやすく、便利(2024/5/10)

TGV の食堂車で購入したミネラルウォーター。しっかり冷えていておいしい（2024/5/11）

モンパルナス駅 TGV ホーム。地方特急とあまり変わらないが、他の列車とは違う階にある（2024/5/11）

〜〜〜芝棟や都市緑化に関連したパリのスポット〜〜〜

フランス国立公文書館パリ館　Musée des Archives Nationales - Hôtel de Soubise
文書だけでなく、地図や設計図書なども展示されている❶。（2024/5/8）

ケ・ブランリー美術館　Musée du quai Branly - Jacques Chirac
垂直庭園（Vertical Garden）で有名なパトリック・ブラン（Patrick Blanc）による壁面緑化❷のほか、庭園も見ごたえがある。（2024/5/8）

国立図書館リシュリー館　Bibliothèque Nationale de France – Richelieu
美術関係を中心に、様々な図書が閲覧可能。庭園にカフェもある。（2024/5/9）

パリ植物園　Jardin des Plantes
400年近く一般公開されている植物園。今回は芝棟植物であるアイリス園を中心に見学❸。（2024/5/13）

植物園図書館　Bibliothèques du Jardin des Plantes
1階は子供から大人まで自由に閲覧できるメディアライブラリー、2階は研究者向けの閉架図書館。今回、突然の訪問にもかかわらず、ビジター登録をして、資料収集を手伝ってくれました。登録カードは、最高のお土産です。（2024/5/13）

シテ島花市　Marché aux Fleurs Reine Elizabeth II de Paris
19世紀初頭から続く花市場❹。芝棟植物（センペルビウムやセダムなど）❺を取り扱っている店主に芝棟について聞いたところ、すべての方が茅葺屋根の上に植栽する植物であることを認識していました。（2024/5/12）

百貨店の屋上
プランタン（Printemps Haussmann）❻、ラファイエット（Galeries Lafayette Haussmann）、サマリテーヌ（Samaritaine）などの屋上緑化を確認しました。レストランに併設しているものがほとんどのため、日本の百貨店の屋上とは異なっています。ラファイエットの屋上展望台は緑化されていませんが、パリの街並みを無料で眺望できます。（2024/5/12）

★このほか、国立自然史博物館（Muséum National d'Histoire Naturelle）をはじめ、多くの魅力的な博物館や美術館、庭園があります。

第4章
フェロー諸島の草屋根

フェロー諸島はどんなところ？

　北欧に多く見られる草屋根ですが、首都の中心街にまで草屋根が見られるのはフェロー諸島（Føroyar）のみです。フェロー諸島は、ノルウェーとアイスランドの間に浮かぶ大小18の島々からなるデンマークの自治領です。日本からの旅行者は、デンマークの首都コペンハーゲン経由で向かいます。コペンハーゲ

フェロー諸島地図

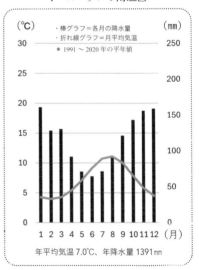

トースハウンの雨温図

➡ 53頁　日本・フランスの雨温図と比べてみてください。

ストレイモイ島の気象観測所（2024/7/22）　　　　トースハウンの風力発電所（2024/7/22）

ンから3時間弱のフライトで、フェロー諸島の空の玄関、ヴァーアル島（Vágar）の空港に到着。主要な島は海底トンネルや橋で結ばれているので、お隣のストレイモイ島（Norðadalsskarð）南東部にある首都トースハウン（Tórshavn）までは、バスかタクシーで。鉄道はありません。

夏でもダウンジャケット！

　フェロー諸島は、面積1398 km²、火山島（玄武岩）で海岸線はほとんどが崖地です。気候は、年平均気温7.0℃、年降水量1391mmの西岸海洋性気候であり、曇りや雨が多く、年間降雨日数は260日です。1日のなかで天気が変わりやすいことも特徴です。暖流のメキシコ湾海流が流れているため、北緯62度付近と高緯度（北緯66度33分以北が北極圏）にありますが、冬季は比較的温暖です。夏季は、月平均気温が11℃程度のため、日本の初冬のような感じです。ダウンジャケットや手袋、帽子は必須です。日照時間は、夏季は19時間（23時頃、ようやく夕闇！）、冬季は5時間のみです。年間を通じて非常に風が強く、市街地に植栽した樹木を除き、森林はなく、草地になっています。トースハウンの郊外には大規模な風力発電所があります。

　現在、フェロー諸島に生息している植物は、氷河期後に入ってきたものと考えられています。植物の総数は330種であり、島全体に共通していますが、低地のみ、高山（最高地点はスレックタラティンデゥール山 Slættaratindurの882 m）のみに見られるものもあります。『フェロー諸島の植物 Faroese Plants』（Poulsen 2009）には、そのうちの84種が紹介されていますが、木本類は低木4種（ギョリュウモドキ *Calluna vulgaris*、エリカ・キネレア *Erica cinerea*、セイヨウガンコウラン *Empetrum*

第4章 フェロー諸島の草屋根　　75

ホテルフェロイヤーから眺めたトースハウン市街地（2024/7/21）
左は 20 時 18 分、右は 21 時 57 分に撮影。一向に暗くならない、フェロー諸島の夜。

草地を散策中に唯一見つけた低木エリカ・キネレア（ヴァーアル島ソルヴァーグル湖（Sørvágsvatn）遊歩道　2024/7/19）

英語名は Bell Heather で、ヒースの仲間。ヒースといえば、E.ブロンテ『嵐が丘』の荒野が連想されますが、フェロー諸島の夏季は緑の絨毯です。

フェロー諸島最高峰スレックタラティンデゥール山（エストロイ島北部　2024/7/22）
エイディ（Eiði）から見たスレックタラティンデゥール山、高木は 1 本もないことがよくわかる。

ニシツノメドリ（ヴァーアル島ガサダール（Gasadalur） 2024/7/21）
パフィンとも呼ばれる。今回の訪問は日本からのツアーを利用したのですが、参加した19名は、みなさんパフィンに魅せられてフェロー諸島へ来られたとのこと（私だけが草屋根ファン）。

ホテルにも羊（ストレイモイ島ホテルフェロイヤー 2024/7/23）
島で一番大きなホテルの屋根も草屋根、羊の鳴き声で目が覚める。

◀毛刈りのため、羊を追う（ストレイモイ島北部 2024/7/22）
ウールのセーターにダウンベストで走り回れるほど、気温は低い。

ラム肉の煮込み（ホテルフェロイヤー 2024/7/21）
とろけるほど柔らかいラム肉。臭みも全くなく絶品。

hermaphroditum、セイヨウスノキ *Vaccinium myrtillus*）のみでした。草本類は、日本の高山植物図鑑に掲載されているものが多く、なじみのある植物が多いです。

主な野生動物は、海鳥です。ウミガラス（*Uria aalge*）、ミツユビカモメ（*Rissa tridactyla*）、ヒメウミスズメ（*Alle alle*）、ニシツノメドリ（*Fratercula arctica*）などが見られます。春から夏にかけてコロニーを形成するため、世界中から海鳥のファンがやってきます。

人口より多い放し飼いの羊

人口5万4648人のうち、2万2315人が首都であるトースハウンに住んでいます（2024年11月現在、フェロー諸島統計局）。公用語のフェロー語（føroyskt mál）は古代の北欧言語をルーツとしており、2024年6月にようやくGoogle翻訳に登場しました。Googleストリートビューも2016年までなく、フェロー諸島観光局は、人口の倍はいると言われている放し飼いの羊にカメラをつけ、独自の「Sheep View 360」を発信するなど、世界に向けてPRを続けています。羊は、急峻な斜面をものともせず暮らしており、基本的に1年中、野外で過ごし、悪天候の際には避難小屋に自ら入るそうです。毛刈りは年に3回程度行われています。羊毛として、食用として貴重な財産であるため、交通事故を起こした場合、1頭につき3頭分の代金を保証しなければならないほどです。

主な産業は水産業で、GDP（国内総生産）の約20％、輸出の95％を占めており、タラ漁やサーモンの養殖が行われています。近年、家畜の餌として海藻の養殖も開始されました。水産業の次は、GDPの約6％を占める観光業です。ただし、フェロー諸島への航空便は少なく、大規模なホテルは数軒しかないため、現在、観光客の受け入れ態勢を拡大中。今回利用した島内最大の宿泊施設、ホテルフェロイヤー（Hotel Føroyar）も増築中でした。農業は、平地がないためほとんど行われておらず、島内産の野菜はジャガイモのみのようです。

草屋根が当たり前

フェロー諸島の草屋根については、草屋根であること自体が当たり前すぎて、地元では気に留める人が少なく、なかなか情報にたどり着けませんでしたが、フェロー諸島国立図書館の司書さんから、『文化史的観点から見たフェロー諸島の家 *Det færøske hus i kulturhistorisk belysning*』（Bjarne Stoklund 1996）と『フェロー

諸島の建築 *Færøsk arkitektur Architecture on the Faroe Islands*』（Kim Dirckinck-Holmfeld 1996）を紹介いただき、フェロー諸島の建築史と現代建築について学ぶことができました。前者はデンマーク語、後者はデンマーク語と英語が併記されており、デンマーク語については、Google 翻訳にお世話になりつつ何とか読了しました。それら 2 冊の情報を基に 2024 年 7 月中旬に現地調査を行いました。

　フェロー諸島の建築に関する最も古い調査は、ダニエル・ブルーン大尉 (Kaptajn Daniel Bruun, 1856-1931) が 1896 年と 98 年に行ったものであり、その時の調査記録、図面、写真は、現在でも主要な資料となっています。

　それによれば、フェロー諸島には森林がなかったため、住民は島独自の建築資材、つまり石と泥炭に少量の流木を加えて使用していました。屋内と屋外の両方に石壁と土壁があり、芝生で覆われた屋根が最も一般的でした。

　最古の時代には、住居は一部屋のみで、寝る場所と座る場所を兼ねた石のベンチが、壁に沿って備わっていて、干し草や羊毛が寝具となっていました。木材が輸入されるようになると、壁やベンチは木製になりました。外壁には、黒や茶色のコールタールが何度も塗り重ねられ、白い窓枠と屋根の芝生の緑は、周囲の風景の色調のリズムと調和し、芝屋根の重みとその下にある樺の樹皮が防水シェルターの役割を果たし、湿潤な気候において気密性を高めることに貢献していました。もちろん、樺の樹皮も輸入されたもので、住宅の屋根のみに使用されていました。

　20 世紀初頭に木製パネルを使用した大きな住宅が建てられ、パネルは後に波板に置き換えられました。さらに、木造住宅からコンクリート住宅へ、1950 年代の終わり頃までコンクリート住宅の建設は続き、その後、木材保存剤の開発により木造住宅が再び人気となりました。

　首都トースハウンのティンガネス半島の先端に位置する旧市街は、バイキングの時代から議会の会場となっていた歴史ある地区ですが、時とともに忘れられ荒廃の一途をたどっていました。それが、1960 年頃、地元ホテルのオーナーに高層建築（といっても 7 階）の建築許可が下りたことで、市民は旧市街で起きていることに気付き、トースハウン市議会とフェロー諸島政府は、1969 年に旧市街の保存と更新計画を目的としたコンペを企画しました。北欧諸国すべてから約 50 の案が提出され、優勝した提案は地元の雰囲気を生かしたものであり、既存

軒先にタラ(ストレイモイ島チョルヌヴィーク〔Tjørnuvík〕 2024/7/22)
多くの家の軒先で見かけた光景。

タラのムニエル
(トースハウン　ホテルフェロイヤー　2024/7/22)
さっぱりとしていて食べやすい。

サーモンのムニエル
(トースハウン　Angus Steakhouse　2024/7/20)
脂がのっていておいしい。ポテトがたくさん。

サーモン養殖場(ストレイモイ島ヴェストマンナ〔Vestmanna〕 2024/7/20)
フィヨルドに多く見られる。

ヴァーアル島ソルヴァーグル湖と断崖（2024/7/19）
この景観を求めて、世界中から観光客が訪れる。

フェロー諸島で最も古い教会（左）と新しい教会（右）
（ストレイモイ島キルキュボー（Kirkjubøur） 2024/7/21）
古い教会は重厚な雰囲気を漂わせている。新しい教会は、明るい光が降り注いでいた。

81

14 世紀に建造された木造住宅（ストレイモイ島キルキュボー　2024/7/21）
世界的に見ても、非常に古い木造住宅。中世の頃、フェロー諸島の宗教と文化の中心地であった集落に建てられたログハウスだが、フェロー諸島の建築としては完全に例外。住宅に使用されている丸太は700年以上前にノルウェーから漂流してきたものだとされており、17世代にもわたって同じ一家が所有してきた。

ヴァイキング時代の住居跡（Viking House）（ストレイモイ島クヴィヴィーク（Kvívík）　2024/7/21）
地元のガイドさんによれば、アイスランドのロングハウスとは様式が異なるとのこと。

中世から1900年代にかけての典型的な住宅
（ストレイモイ島サクスン（Saksun） 2024/7/22）
野外博物館的に保存されている住宅群。右下の
写真は、フェロー諸島で2番目に古い教会。

83

シバを刈り、干して袋詰めにする（ストレイモイ島チョルヌヴィーク　2024/7/22）

シバの剥ぎ取りと切り芝
（ストレイモイ島北部　2024/7/22）
島内のあちこちで、シバの剥ぎ取り跡が見られた。右の写真は草屋根用の切り芝。サイズも日本と変わらない。

波板屋根住宅（エストロイ島ギョグ（Gjógv）　2024/7/22）
波板屋根住宅が数軒まとまっている。

古典的な工法ではない住宅街（トースハウン郊外　2024/7/20）
4泊5日の滞在中、1000枚以上の写真を撮影したが、古典的な工法ではない住宅街の写真はこの1枚のみだった。

ティンガネス地区の官庁街（トースハウン　2024/7/20）
日本の霞が関にあたる街区だが、ほとんどが草屋根。

官庁街に隣接した住宅街（トースハウン　2024/7/20）
ママチャリや子供用自転車など生活感が伝わってくる街並み。

トースハウン中心市街地（2024/7/20）
ビルと共存する草屋根住宅。カフェや雑貨店なども草屋根。

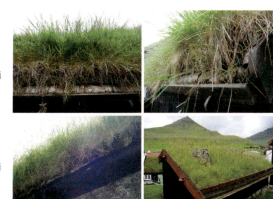

伝統的な草屋根断面
(トースハウン　2024/7/20)
樺の樹皮が見える。

現代的な草屋根断面
(左：ストレイモイ島チョルヌヴィーク、
右：エストロイ島ギョグ　2024/7/22)
防水シートや防水マットが見える。

シバのみの草屋根と小花の咲く草屋根（ヴァーアル島ブール（Bøur）　2024/7/21）
小花が咲いている草屋根は少ない。海の向こうに、ティンドホルムル島（『ナショナルジオグラフィックトラベラー』誌の表紙に選ばれたことで有名）が見える。ブールは草屋根住宅が半数を占める。

87

カルドバクスフィヨルド（2024/7/22）

前頁上下：
トースハウン郊外にある刑務所（2024/7/22）
立派な草屋根。眼前にはカルドバクスフィヨルド（Kaldbaksfjørður）が広がっている。

草刈り機（トースハウン　スカンシン要塞〔Skansin〕　2024/7/20）
ホテルフェロイヤーや刑務所などでは、このような自走式草刈り機を使用。一般住宅では、ナイロンカッターの刈払い機だった。

の建物を強調しながらも、独特の建築表現の余地を残す、新しい建築活動のための一連のガイドラインとなりました。この時、町の中心部が野外博物館化しないことが最重要課題でしたが、2024年現在も官庁や一般住宅として機能しており、その使命を果たしています。

草屋根の伝統

　下の図は、フェロー諸島に伝統的な草屋根住宅のイラストです。石積みの上に木材で壁を作り、屋根は草屋根です。地下室を備えていることが多く、かつては家畜小屋とし、家畜による放熱を床暖房として利用していたそうです。草屋根の構造は、基本的に現在も同じであり、屋根板の上に樺の樹皮、もしくは屋上緑化で使用する防水シートや防水マットが使用されています。屋根に載せる植物ですが、切り芝のみとのことでした。シバ以外の植物が生えていることもありますが、すべて自然発生したものだそうです。

　きれいな草屋根を維持するために、5月から9月の間、月に1〜2回、草刈り機で草刈りを行っているそうです。「はじめに」でも書きましたが、2009年8月21日に配信されたナショナルジオグラフィック「屋根の上の草刈り、フェロー諸島」の写真も、草屋根で草刈り機を押している姿です。今回の調査中、この写真の建物を見ることができ、15年越しの夢が叶いました。記事には、「フェロー諸島の首都トースハウンの緑化された庁舎屋上で、草刈作業が行われている」とあり、この建物を空中写真等で探したものの見つからず、謎に包まれていたのですが、フェロー諸島へ到着した日、空港からトースハウンへ向かうバスの車窓を眺める私の目に飛び込んできたのは、まぎれもなくこの草屋根！　なんと、それ

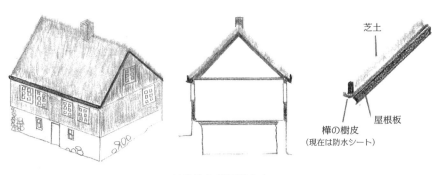

伝統的な草屋根住宅

は島内唯一の刑務所（確かに刑務所は庁舎）でした。軽犯罪を犯した人が収容されており、屋外にはパークゴルフ場も完備されています。

なぜ現代に草屋根か？

ここまで、フェロー諸島の生活と草屋根について見てきましたが、なぜフェロー諸島で草屋根が維持され、さらに新築されているのかについて資料や現地でのヒアリングをまとめると、2つの要因が考えられます。

1つ目は、フェロー諸島の自然環境です。地形的にも気候的にも高木が生育せず、島内全域が草地であること。石と土と草しかない状況で住居を作るためには、必然的に草屋根にせざるを得なかったのです。しかし、21世紀の今、草屋根にする理由にはなりません。

2つ目は、フェローの人々のアイデンティティではないかと推測されます。皆、口をそろえて、「草屋根であることは普通」、「草屋根にするメリットもデメリットも感じない」と言います。また、「草屋根は周りの景観に溶け込むのでよい」、「草屋根はフェローらしい」といった草屋根に肯定的な意見もありました。

デンマークの自治領という微妙な立ち位置であるフェロー諸島の人々は、「フェローらしさ」といった心のよりどころをどこかに求めているのかもしれません。

第4章 フェロー諸島の草屋根　91

第 5 章
屋根の花園のこれから

　屋根の花園である日本とフランスの芝棟、そしてフェロー諸島の草屋根を訪ね歩いてきました。
　日本の芝棟は、岩手県北部の一部地域を除き、ほとんどが文化財等に指定され、民家として使用されておらず、野外博物館化しています。また、岩手県北部の芝棟民家も年々減り続けています。しかし、和光市の旧富岡家住宅（2006 年）、甲州市のもしもしの家（2009 年）、鎌倉市の旧大佛次郎茶亭（2022 年）、など、関東地方を中心に、葺き替えと同時に芝棟へ改修する事例が各地で見られ、芝棟が多

太宰府天満宮仮殿（福岡県太宰府市宰府 4 丁目 7-1　2023/12/26）

建築家 藤本壮介設計：天満宮の梅林で育てられたウメやクスノキ、サクラなど 46 種類の植物による浮かぶ森。

次頁上下：ラ コリーナ近江八幡
（滋賀県近江八幡市北之庄町 615-1　2019/9/4）

建築家 藤森照信設計：コウライシバによる草屋根。
ガイドツアーに参加すれば、すみずみまで見学できる。

くの人の目に触れ、屋根の花園の美しさに共感していただける機会が増えてきています。

フランスの芝棟は、野外博物館等で保存されているものは少なく、ほとんどが一般民家で、ノルマンディー地方では茅葺の葺き替え後も芝棟として維持されています。日本と同様に茅葺民家の総数は減少しているものの、アイリスの開花期には、手入れの行き届いた、とても美しい芝棟を見ることができます。

日本の芝棟は、地域により芝棟に使用される植物が異なっていますが、フランスの芝棟はどの地域もアイリスと常緑のセンペルビウムやセダムを組み合わせたものとなっています。つまり、日本の芝棟は、アイリスが一斉に開花するフランスの芝棟と異なり、春のイチハツ、夏のカンゾウやユリ、シバやイワヒバの新緑や黄葉など、屋根の花園として観賞できる期間が長いことも一つの特徴となっています。

フェロー諸島の草屋根は、基本的にシバのみであり、シバ以外の花が咲くものはごくわずかでした。とはいえ、草屋根は首都トースハウンの官庁街をはじめとした中心部にも見られ、集落によっては、半分以上が草屋根であるなど、世界中のどこよりも草屋根を見ることができます。

日本の市街地では、建築基準法と消防法により新たな茅葺民家を建てることができないため、新築の芝棟を見ることはできません。しかし、屋根に耐火性能や準耐火性能がある場合には、屋根に緑化を施すことが可能なため、新たな工法による芝棟や草屋根を見ることができます。

琵琶湖のほとりにある「ラ コリーナ近江八幡」は、草屋根の域を超え、もはや緑のお城です。La Collina はイタリア語で「丘」の意味。「自然に学ぶ」をコンセプトに 2015 年にオープンした、和洋菓子を製造販売する「たねやグループ」の 旗 艦 店です。11.6 ha（東京ドーム 2.5 個）ほどの広大な敷地に、見渡す限り草屋根が広がっており、国内でこれほど大規模な草屋根に出合うことはありません。2023 年には観光客数が 400 万人を超え、滋賀県で 8 年連続トップとなっています。

太宰府天満宮の仮殿も、2023 年 5 月から 3 年間の期間限定ではありますが、鎮守の杜の豊かな自然を表出した草屋根となっています。北海道には、1996 年に建設された北欧様式の草屋根の牧舎もあります。

また、芝棟や草屋根を見たことがない方でも屋上緑化は目にしたことがあるの

ではないでしょうか。グリーンインフラの一つである屋上緑化は、主要ターミナル駅の駅ビルや百貨店、病院などに施工されています。日本全国で、2000年から2023年までの23年間に約597 ha、東京ドーム約130個分の屋上緑化が誕生しました。屋上緑化は、都市において貴重な緑地であり、様々な生き物の生息地になっているとともに、ヒートアイランド対策や地球温暖化対策にも貢献しています。日本の屋上緑化をはじめとした都市緑化技術は、世界に誇る技術です。フランスのパリ植物園図書館で芝棟や草屋根、屋上緑化等に関する資料を収集した際、ほとんどの資料が日本の書籍であり、司書さんも検索画面を見ながら、「これも、これも日本の本、フランスの本は全然ない！」と驚いていました。

　みなさんも、屋上緑化の東屋で、本書を片手に、日本各地と世界の芝棟や草屋根に思いを馳せてみませんか。そして、ぜひ現地へ足を運んでいただければと思います。

次頁上：瀞沸湖展望牧舎
（北海道斜里郡小清水町字浜小清水　2022/6/19）

夏季のみ馬が放牧されており、7月に通りかかった際、馬たちが休憩している姿を見かけました。

次頁下：日本橋三越本店屋上庭園　日本橋庭園「つながりのもり」
（東京都中央区日本橋室町 1-4-1　2024/12/6）

日本橋三越本館の高さと皇居の標高が同じであることから、皇居の植生に倣った緑となっている。

おわりに

　一枚の絵葉書《空に咲く》と巡り合い、30年。どこへ出かけても、新聞、雑誌、書籍を読んでいても、常に芝棟や草屋根はないかと探し続けてきましたが、世界の芝棟、そして草屋根を訪ね歩く旅もようやく一区切りです。

　第60回日本生気象学会大会（2021年11月12日）で日本の芝棟について口頭発表した際、「論文化に向け建築家の藤森照信先生にインタビューしてみては？」というアドバイスをいただき、あこがれの藤森先生とお話しする機会を持つことができました。芝棟と草屋根についての意見交換は大変有意義なものとなり、最後に先生から「この研究は、論文よりも本がいいよ。」という言葉までかけていただきました。そこで、日本の芝棟についてはひとまず論文にまとめ、さらにフランスの芝棟、フェロー諸島の草屋根を含めて書籍として出版することを目標に準備を進めてきました。

　法政大学文学部地理学科（通信教育課程含む）の気候ゼミを中心とした学生のみなさんには、私の調査に同行いただき、ありがとうございました。十和田市在住の中野渡祐一氏には、現地調査の同行、写真や資料の提供等ご協力いただき、ありがとうございました。2024年度は、法政大学より研究休暇をいただき、念願のフランスの芝棟、フェロー諸島の草屋根を調査することができました。快く送り出してくださった法政大学文学部地理学科のみなさまに厚く御礼申し上げます。

　フランスの調査に際しては、現地在住の原田さゆりさんに、フェロー諸島では、現地在住の浅野スンバさんに大変お世話になりました。フランス語も、フェロー語も、デンマーク語も全くできない私には、お

二人の協力なくして、この調査を遂行することはできませんでした。

また、《空に咲く》の掲載を快諾し、画像をご提供くださいました、成川美術館並びに関係者のみなさま、本当にありがとうございます。

八坂書房の三宅郁子さんには、『芝棟』の出版社であるということで、縁もゆかりもない私の出版計画にお付き合いいただくことになり、大変感謝しております。

最後に、絵葉書をくれた母、そしていつも私を応援してくれている家族に感謝の意を表します。改めて芝棟の現存分布を眺めていたところ、芝棟の北縁と西縁は私のルーツに関連していることに気づきました。北縁の青森県にある五戸代官所は、日本初の国産旅客機 YS-11 の生みの親として知られる木村秀政博士のゆかりの地であり、博士は母方の祖父の遠縁にあたります。また、西縁の静岡県にある竹川家四足門は、父方の祖母の生家の近隣であり、私も幼少期の一時期住んでいました。芝棟を探す旅はこれらの縁によって導かれたのかもしれません。

本書を執筆中の 2024 年 12 月末、大阪万博 2025 小山薫堂プロデュースシグネチャーパビリオン「EARTH MART」の茅葺屋根が完成したとの報道を目にしました。日本全国から集めた茅で葺かれたそうです。残念ながら芝棟ではありませんが、これが日本の茅文化を世界に発信する機会となることを願っています。

2025 年 3 月吉日

山口　隆子

参考文献

青森県史編さん民俗部会（2001）：青森県史民俗編資料南部．青森県（青森），pp.181-182.

阿部善和, 玉井哲雄（2004）：茅葺屋根集落の景観保全に関する基礎的研究－青森県西越集落における保存活動－．日本建築学会大会学術講演梗概集 F-2 建築歴史・意匠 2004, 485-486.

安藤邦廣（1983）：茅葺きの民俗学．はる書房（東京），214p.

安藤邦廣（1993）：屋根の上の花園．建築雑誌，**108**:14.

安藤邦廣（2017）：新版茅葺きの民俗学．はる書房（東京），221p.

安藤邦廣（2020）：茅葺きが繋ぐ, 生き物の輪と里山文化．住宅建築，**479**:36-41.

安藤邦廣, 乾尚彦, 山下浩一（1980）：住居の生産と適応の技術（13）芝棟．住宅建築，**67**:121-124.

安藤邦廣, 乾尚彦, 山下浩一（1995）：住まいの伝統技術．建築資料研究社（東京），167p.

安藤邦廣, 上野弥智代（2019）：日本茅葺き紀行．農文協（東京），181p.

五十嵐キヌコ（1984）：くれぐしの里：奥会津回顧．舷灯社（東京），340p.

石塚元太良, 井出幸亮（2014）：アラスカへ行きたい．新潮社（東京），142p.

伊南村史編さん室（2005）：伊南村史第 6 巻（民俗編）．伊南村（福島），1306p.

猪苗代正憲（1975）：かやぶき屋根の植物（1）．岩手植物の会会報，**12**:40-42.

猪苗代正憲（1976）：かやぶき屋根の植物（2）．岩手植物の会会報，**13**:13-15.

猪苗代正憲（1977）：かやぶき屋根の植物（3）．岩手植物の会会報，**14**:34-37.

猪苗代正憲（1978）：かやぶき屋根の植物（4）．岩手植物の会会報，**15**:48-51.

今井久雄（1983）：村の歳時記：子どもの大正生活誌 続．草原社（長野），316p.

岩下哲典, 堀越俊志（2011）：レンズが撮らえた幕末の日本．山川出版社（東京），207p.

岩手県建築士会（1987）：建築・いわて紀行．岩手県建築士会（岩手），235p.

岩手県建築士会 50 周年記念誌部会（2001）：岩手の歴史的〈建築〉ハンドブック．岩手県建築士会（岩手），256p.

岩手県建築士会女性委員会（2011）：いわて芝棟ものがたり．岩手県建築士会（岩手）．

岩手県建築士会女性委員会（2012）：芝棟民家調査報告．岩手県建築士会（岩手）．

岩手県教育委員会事務局文化課（1977）：文化財調査報告第 24 集 (岩手県民俗地図 - 民俗文化財緊急分布調査報告書)．岩手県教育委員会（岩手），141p.

岩波書店編集部（1955）：男鹿半島．岩波書店（東京），63p.

エリザベッド・ド・フェドー（2014）：マリー・アントワネットの植物誌．原書房（東京），p.36.

大野村誌編さん委員会（2005）：大野村誌第一巻民俗編．大野村（岩手），pp.282-303.

大橋富夫, 安藤邦廣（2008）：日本の民家屋根の記憶．彰国社（東京），276p.

奥会津地方歴史民俗資料館（2005）：ふるさとの茅葺き屋根．福島県田島町教育委員会（福島），132＋12p.

小倉強（1972）：増補東北の民家．相模書房（東京），379p.

大佛次郎（2002）：屋根の花．『旅の誘い　大佛次郎随筆集』．講談社（東京），pp.13-15.

小沢健志（2010）：幕末写真の時代．筑摩書房（東京），308p.

小野清春（2002）：消えゆく茅葺き民家．ワールドフォトプレス（東京），159p.

小野芳次郎（1977）：山形県の民家．高陽堂書店（山形），315p.

小野芳次郎（1978）：東北地方の民家．明玄書房（東京），248p.

海保千暁（2005）：フェロー諸島．世界の先住民族06 ヨーロッパ．明石書店（東京），pp.40-57.

賀来宏和（2023）：一茶繚乱．八坂書房（東京），pp.391-408.

柏葉幸子（2015）：岬のマヨイガ．講談社（東京），268p.

上條真埜介（2018）：そこにあった江戸：幕末明治寫真圖會．求龍堂（東京），242p.

軽井沢町（1989）：軽井沢町誌．民俗編．軽井沢町誌刊行委員会（長野），336p.

川崎市立日本民家園（2006）：旧清宮家住宅（日本民家園収蔵品目録；5）．川崎市立日本民家園（神奈川），58p.

川崎市立日本民家園（2006）：旧広瀬家住宅（日本民家園収蔵品目録；6）．川崎市立日本民家園（神奈川），62p.

川島宙次（1973）：滅びゆく民家－屋根・外観．主婦と生活社（東京），294p.

川島宙次（1978）：日本の民家．講談社（東京），197p.

川島宙次（1986）：民家のデザイン．相模書房（東京），236p.

川島宙次（1990）：世界の民家・住まいの創造．相模書房（東京），203p.

川村善之（2000）：日本民家の造形．淡交社（京都），323p.

川村善之（2010）：日本の町並み集落 1300．淡交社（京都），383p.

菊地憲夫（2003）：岩手の古民家建築．胆江日日新聞社（岩手），153p.

岸本章（2012）：世界の民家園．鹿島出版会（東京），208p.

北上市立博物館（1992）：みちのく民俗村にみた北上川流域の民家とその発達．北上市立博物館（岩手），36p.

木村正太郎（1973）：出羽の民家採訪．中央企画社（東京），pp.120-146.

草野和夫（1977）：青森県の民家．東奥日報社（青森），227p.

草野和夫（1991）：東北民家史研究．中央公論美術出版（東京），374p.

草野和夫（2008）：民家・町並み・洋風建築．企画ぱる（宮城），271p.

工藤正市（2021）：青森 1950-1962 工藤正市写真集．みすず書房（東京），427p.

小滝清次郎（1975）：南山の道．歴史春秋社（福島），141p.

小西四郎，岡秀行（1983）：百年前の日本：セイラム・ピーボディー博物館蔵モース・コレクション／写真編．小学館（東京），211p.

小林昌人（1994）：檜枝岐の芝棟茅葺き民家と倉庫．民俗建築，**105**:56-57.

小林昌人（1994）：民家の風貌：写真集．相模書房（東京），179p.

小谷田孝之（1977）：秋川流域の民家（3）檜原村について．民俗建築，73:43-52.

近藤三雄，齋藤雅子（2012）：愛しの「屋上緑化考」．東京農大出版会（東京），142p.

近藤三雄，平野正裕（2017）：絵図と写真でたどる明治の園芸と緑化．誠文堂新光社（東京），191p.

今野幸正（2008）：旧南部藩領の消え行く茅葺「曲り家」．川口印刷工業（岩手），71p.

今野幸正（2009）：みちのく岩手の消え行く茅葺「直家」．川口印刷工業（岩手），63p.

埼玉県立民俗文化センター（1997）：埼玉の草屋根葺き．埼玉県立民俗文化センター（埼玉），128p.

坂本功（2018）：図説日本木造建築事典－構法の歴史－．朝倉書店（東京），563p.

坂本高雄（1994）：山梨の草葺民家．山梨日日新聞社出版局（山梨），531p.

佐藤章（1997）：日本の民家合掌造りとかやぶき．リヨン社（東京），148p.

佐藤甚次郎（1957）：民家．木内信蔵，藤岡謙二郎，矢嶋仁吉編，集落地理講座第1巻（総論）．朝倉書店（東京），pp.167-185.

佐藤甚次郎（1967a）：日本の住居（1）．地理，**12(4)**:81-86.

佐藤甚次郎（1967b）：日本の住居（2）．地理，**12(5)**:70-75.

真田町誌編纂委員会（1999）：真田町誌歴史編下．真田町（長野），p.526.

佐野昌弘（2001）：茅葺き民家．グラフィック社（東京），205p.

三渓園保勝会（2006）：原三渓の描いた風景：三渓園100周年．神奈川新聞社（神奈川），184p.

J・ウォーリー・ヒギンズ（2019）：続・秘蔵カラー写真で味わう60年前の東京・日本．光文社（東京），510p.

シグルゲイル・シグルヨォンソン写真撮影，トルヴィ・H・トゥリニウス解説（2002）：アイスランド．Forlagið（レイキャビク），144p.

島之夫（1979）：ヨーロッパの風土と住居．古今書院（東京），215p.

清水安雄（2021）：ふるさと再発見の旅甲信越．産業編集センター（東京），182p.

下田九一（1971）：草葺き屋根の『いちはつ』．日野の歴史と文化，5:11-12.

新庄市（2002）：新庄市史別巻（自然・文化編）．新庄市（山形），272p.

杉浦直（1988）：東北地方における農村家屋形態の地理学的研究．東北地理，**40**:107-125.

杉本尚次（1960）：民家研究の展望．人文地理，**12**:541-561.

杉本尚次（1968）：日本における民家の地理学的研究．大阪市立大学博士論文．

杉本尚次（1969）：日本民家の研究．ミネルヴァ書房（京都），302p.

杉本尚次（2011）：日本民家の研究．ミネルヴァ書房（京都），302p.

菅野康二（2000）：茅葺きの文化と伝統．歴史春秋社（福島），650p.

菅野康二（2007）：茅葺きの文化を歩く．歴史春秋社（福島），99p.

鈴木博之，藤森照信，隈研吾，松葉一清，山盛英司（2007）：奇想遺産：世界のふしぎ建築物語．新潮社（東京），pp.18-19.

鈴木博之，藤森照信，隈研吾，松葉一清，木村伊量，竹内敬二，山盛英司（2008）：奇想遺産 II：世界のとんでも建築物語．新潮社（東京），pp.120-121.

瀬川修（2007）：南部曲がり家読本．無明舎出版（秋田），137p.

瀬川修(2012)：クズヤの由来と屋根葺き棟梁葛右衛門について．岩手県立博物館研究報告，**29**:33-36.

関山和敏（1997）：フランスの地方自然公園を訪ねて．国立公園，**551**:26-39.

妹尾河童，佐野昌弘（1998）：かやぶき民家の四季．扶桑社（東京），139p.

髙垣順子（1998）：米澤藩刊行の救荒書『かてもの』について．日本食生活学会誌，**9(3)**:13-20.

高津美保子（1987）：檜原の民話．国土社（東京），320p.

高橋宏一（2018）：岩手県における伝統的民家についてのデータベースの構築．アルテス リベラレス（岩手大学人文社会科学紀要），**101**:1-38.

高橋昌巳，小林一元，宮越喜彦（2018）：伝統木造建築事典．井上書院（東京），548p.

髙橋実野梨（2024）：自治領グリーンランド・フェーロー諸島．デンマークを知るための70章【第2版】．明石書店（東京），pp.37-42.

竹島善一（2002）：奥会津蘇る記憶．奥会津書房（福島），119p.

田中穣（1991）：評伝山本丘人．芸術新聞社（東京），254p.

田中進（1998）：山の古民家．多摩のあゆみ，**89**:43-54.

田中秀人，浦出俊和，上甫木昭春（2017）：茅の需給実態と小規模茅場の役割・維持管理に関する研究．農村計画学会誌，**36**:356-362.

田村善次郎，宮本千春（2012)：宮本常一とあるいた昭和の日本 16 東北③．農文協（東京 ），222p.

辻村太郎，山内豊保（1939）：我が國に於ける屋根形態及び其分布に就いて．地理學，**7**:163-177.

土橋豊（2019）：〔最新〕園芸・植物用語．淡交社（京都），262p.

邸景一，柳木昭信（2010）：アイスランド・フェーロー諸島・グリーンランド．日経BP企画（東京），383p.

出口長男（1968）：横浜植物誌．秀英出版（東京），256p.

東京国立近代美術館（1994）：山本丘人展．日本経済新聞社（東京），175p.

東京大学史料編纂所古写真研究プロジェクト編(2018)：高精細画像で甦る150年前の幕末・明治初期日本ブルガー＆モーザーのガラス原板写真コレクション．洋泉社（東京），343p.

遠山茂樹訳（2009）：西洋中世ハーブ事典．八坂書房（東京），171p.

遠山茂樹（2019）：歴史の中の植物．八坂書房（東京），pp.114-119.

都市農村漁村交流活性化機構（2002）：茅葺き民家に関する調査研究中間報告書．都市農村漁村交流活性化機構（東京），265p.

都市農村漁村交流活性化機構（2004）：茅葺きの民家全国調査報告．都市農村漁村交流活性化機構（東京），245＋26p.

冨野耕治，堀中明（1980）：花菖蒲．家の光協会（東京），pp.282-283.

十和田市史編さん委員会（1976）：十和田市史下巻．十和田市（青森），p.583.

中谷礼仁，御船達雄，福島加津也，清水重敦，石川初，大高隆，菊地暁（2012）：今和次郎「日本の民家」再訪．平凡社（東京），393p.

中山繁信，松下希和，伊藤茉莉子，齋藤玲香（2022）：世界で一番美しい名作住宅の解剖図鑑増補改訂版．エクスナレッジ（東京），159p.

南部町誌編さん委員会（1995）：南部町誌下巻．南部町（青森），pp.116-129.

南郷村史編さん委員会（1998）：南郷村史第五巻（民俗編）．南郷村（福島），pp.128-143.

西尾晴夫（2019）：私は、なぜ茅葺き職人になったのか．ギャラクシーブックス（大阪），152p.

丹生谷章（1961）：日本の民屋．日本移動教室協会（東京），214p.

日本カメラ博物館（2019）：秘蔵古写真紀行．山川出版社（東京），255p.

日本建築学会民家語彙集録部会 編纂（1993）：日本民家語彙解説辞典．日外アソシエーツ（東京），850＋119p.

日本の食生活全集青森編集委員会（1985）：聞き書 青森の食事．農文協（東京），356＋10p.

日本花菖蒲協会（2005）：世界のアイリス．誠文堂新光社（東京），247p.

日本民家集落博物館（2006）：民家の案内．財団法人大阪府文化財センター日本民家集落博物館（大阪），pp.27-30.

日本民俗建築学会（2001）：図説民俗建築大事典．柏書房（東京），404+54p.

日本民俗建築学会（2005）：写真でみる民家大事典．柏書房（東京），470+13p.

日本民俗建築学会（2020）：民家を知る旅．彰国社（東京），271p.

箱根町教育委員会（2002）：箱根町指定史跡東光庵熊野権現旧跡保存整備事業報告書．箱根町教育委員会（神奈川），51p.

長谷川清之（1987）：フィンランドの木造民家．井上書院（東京），167p.

長谷川清之（2006）：スウェーデンの木造民家．井上書院（東京），164p.

長谷川清之（2010）：ノルウェーの木造民家．井上書院（東京），167p.

八戸市史編さん委員会（2010）：新編八戸市史民俗編．八戸市（青森），pp.318-321.

馬場のぼる（1985）：11ぴきのねこマラソン大会．こぐま社（東京），折本.

林大祐，大野敏，野原卓（2012）：岩手県九戸郡洋野町に所在する芝棟茅葺民家の残存状況について　岩手県九戸郡洋野町の芝棟茅葺民家に関する研究（1）．日本建築学会関東支部研究報告集，**82**: 697-700.

林安直（2006）：写真集信州かやぶき民家．しなのき書房（長野），303p.

ピエール＝イヴ・ボルペール（2019）：マリー・アントワネットは何を食べていたのか：ヴェルサイユの食卓と生活．原書房（東京），178＋20p.

日野原健司，平野恵（2013）：浮世絵でめぐる江戸の花．誠文堂新光社（東京），239p.

藤森照信（2004）：建築探偵藤森照信さんが巡る民家．MODERN LIVING．**157**:3-7.

藤森照信（2009）：縄文住居の謎．松久保秀胤監修，縄文謎の扉を開く．冨山房インターナショナル（東京），pp.258-283.

藤森照信（2019）：増補版天下無双の建築学入門．筑摩書房（東京），286p.

藤森照信（2020）：藤森照信作品集．TOTO出版（東京），pp.32-33.

藤森照信（2020）：藤森照信　建築が人にはたらきかけること．平凡社（東京），pp.18-24.

古川修文，永瀬克己，津山正幹，朴賛弼（2003）：写真集よみがえる古民家－緑草会編『民家図集』．柏書房（東京），462p.

文化財建造物保存技術協会（1978）：重要文化財伊藤家住宅保存修理工事報告書．伊藤喜四郎（岩手），pp.15-16.

文化庁：文化遺産オンライン https://bunka.nii.ac.jp/（2024年12月31日最終閲覧）

牧野富太郎（1953）：屋根の棟の一八．随筆植物一日一題，東洋書館（東京），pp.86-88.

増田正（1998）：〈普及版〉屋根・棟飾．グラフィック社（東京），215p.

丸本英司（2021）：青森県重要文化財清水寺観音堂－屋根の芝棟状況について－．文建協通信，**146**: 6-9.

宮﨑誠之助（2016）：草葺屋根の「芝棟」について．立川民俗，**20**:11-15.

宮崎安貞（1977）：農業全書．岩波書店（東京），376p.

村井誠人（2014）：北欧の一体制と多様性－フェーロー諸島で考えたこと－．中央・北ヨーロッパ，朝倉書店（東京），pp.3-20.

メアリー・フレイザー（1988）：英国公使夫人の見た明治日本．淡交社（京都），348p.

森百合子（2019）：いろはに北欧．ダイヤモンド社（東京），143p.

安田徹也（2020）：江戸時代における民家史研究．建築史学，**74**: 2-34.

山形県建築士会(2015)：山形県茅葺屋根建造物継承事業調査報告書．山形県教育委員会(山形)，125p.

山形村誌編さん委員会（2009）：山形村誌第一巻民俗編．久慈市（岩手），pp.218-229.

山口隆子（2009）：ヒートアイランドと都市緑化．成山堂書店（東京），128p.

山口隆子（2022）：芝棟の現存状況と芝棟植物の分布特性について．日本生気象学会雑誌，**58(3-4)**: 75-86.

山口隆子（2024）：都市環境をめぐって－田宮先生との 32 年間の対話から考える気候学－．お茶の水地理，**63**: 52-58.

山本勝已，川島宙次，小林昌人（1971）：関東地方の民家．明玄書房（東京），552p.

山本丘人（1977）：山本丘人．文藝春秋（東京），75p.

横浜開港資料館（1999）：100 年前の横浜・神奈川：絵葉書でみる風景．有隣堂（神奈川）349p.

米田藤博（1976）：北上山地中央部の民家．新地理，**24(1)**: 33-45.

渡辺京二（2005）：逝きし世の面影．平凡社（東京），604p.

亘理俊次（1954）：屋根の花園．いづみ，日本女性文化協会，**6(6)**: 18-22.

亘理俊次（1987）：屋根の上の植物たち－本州中部の芝棟探訪．科学朝日，**47(6)**: 99-103.

亘理俊次（1991）：芝棟．八坂書房（東京），302p.

亘理俊次：亘理芝棟コレクション（東京大学総合研究博物館）http://umdb.um.u-tokyo.ac.jp/DShokubu/shibamune/home.php （2024 年 12 月 31 日最終閲覧）

Alwin Pedersen（1954）：*Fågelberg I Atlanten*. J.A.LINDBLADS FÖRLA'G（Uppsala），56p.

Bjarne Stoklund（1996）：*Det færøske hus i kulturhistorisk belysning*. C.A.Reitzels Forlag(København)，179p.

Björn G. Björnsson（2013）：*Large Turf Houses*. Salka（Reykjavík），75p.

Carole Lemans（2022）：*Potentiel de l'architecture contemporaine de roseau. Géographie*. Normandie Université, Français.
https://theses.hal.science/tel-04083152

Connaissance des Art（2018）：*LE HAMEAU DE LA REINE*. CONNAISSAN ARTS（Paris），36p.

David Milcent（2006）：*La bourrine : architecture rurale en bauge et couverture végétale dans le Nord-Ouest de la Vendée*. In Situ, 7.
https://doi.org/10.4000/insitu.2977

Elin Winther Poulsen（2009）：*Faroese Plants*. H.N. Jacobsens bókahandil（Tórshavn），103p.

Hildur Hermóðsdóttir（2012）：*Icelandic Turf Houses*. Salka（Reykjavík），109p.

Kim Dirckinck-Holmfeld（1996）：*Færøsk arkitektur Architecture on the Faroe Islands*. Arkitektens Forlag(København), 136p.

Robert Longechal（1988）：Refaire Sa Toiture. Ch.Massin（Paris), 64p.

Tomazovic Milica（2016）：*Green Roof Systems as an Option for Residential Buildings in Novi Sad* (Serbia). Technischen Universität Wien Masterarbeit,96p.

Château de Chantilly
　https://chateaudechantilly.fr/（2024 年 12 月 31 日最終閲覧）
Château de Versailles
　https://www.chateauversailles.fr/（2024 年 12 月 31 日最終閲覧）
Hagstova Føroya（Statistics Faroe Islands）
　https://hagstova.fo/en（2024 年 12 月 31 日最終閲覧）
Parc naturel régional de Brière
　https://www.parc-naturel-briere.com/（2024 年 12 月 31 日最終閲覧）
Parc naturel régional des Boucles de la Seine Normande
　https://www.pnr-seine-normande.com/（2024 年 12 月 31 日最終閲覧）
Parc Naturel régional du Golfe du Morbihan
　https://www.parc-golfe-morbihan.bzh/（2024 年 12 月 31 日最終閲覧）
　https://www.parc-golfe-morbihan.bzh/les-savoir-faire-chaumiers/（2024 年 12 月 31 日最終閲覧）
Parc naturel régional Oise-Pays de France
　https://destination.parc-oise-paysdefrance.fr/（2024 年 12 月 31 日最終閲覧）
Tjóðsavnið
　https://www.tjodsavnid.fo/（2024 年 12 月 31 日最終閲覧）
Umhvørvisstovan
　https://www.foroyakort.fo/（2024 年 12 月 31 日最終閲覧）
UNESCO World Heritage Centre
　https://whc.unesco.org/en/tentativelists/5589/（2024 年 12 月 31 日最終閲覧）

見学可能な日本の芝棟

国内に現存する芝棟は2011年時点
で約600棟だが、ここでは見学可
能な83件を取り上げた。★印は第
2章にカラーで掲載したもの。

[記載情報]
① 芝棟植物、② 所在地、③ 管理者、
④ 文化財指定状況、⑤ 筆者訪問日

盛田牧場一号廐舎
（南部曲屋育成廐舎）
もりたぼくじょういちごうきゅうしゃ
（なんぶまがりやいくせいきゅうしゃ）

① ノシバ・コオニユリ・マツヨイグサ
② 青森県上北郡七戸町膝森 14-1
③ （株）金子ファーム
④ 国登録有形文化財（建造物）
⑤ 2019/6/26、2023/8/3

2013 年 8 月葺き替え、建物内の一部を改修し、曲屋 KANEKO（予約制レストラン）がある。

盛田牧場一号廐舎　2023/8/3

見町観音堂
みるまちかんのんどう

① ノシバ
② 青森県上北郡七戸町見町 37-2
③ 見町観音堂
④ 青森県重宝（建造物）
⑤ 2019/10/22、2023/8/3

1997 年 1 月に茅葺きを復原した。

見町観音堂　2023/8/3

旧笠石家住宅
きゅうかさいしけじゅうたく

① ノシバ
② 青森県十和田市奥瀬字栃久保 80
③ 十和田湖民俗資料館
④ 国指定重要文化財（建造物）
⑤ 2019/6/26、2023/3/17

上北地方に残る広間型板壁の住居。

旧笠石家住宅　2019/6/26

旧苫米地家住宅
きゅうとまべちけじゅうたく

① ノシバ
② 青森県上北郡六戸町大字犬落瀬字後田 87
③ 道の駅ろくのへ
④ 六戸町文化財
⑤ 2018/8/7、2023/3/17

六戸町柳町にあった苫米地勲氏の住宅を、道の駅「ろくのへ」の隣に 2005 年 3 月に移築。

旧苫米地家住宅　2023/3/17

八戸根城工房
はちのへねじょうこうぼう

① ノシバ
② 青森県八戸市大字根城字根城 47
③ 八戸市博物館・史跡根城
④ 国史跡
⑤ 2019/7/21

11 年間の発掘調査をもとに復原したもの。

八戸根城工房　2019/7/21

109

大久喜の浜小屋 ★
おおくきのはまごや

① ノシバ
② 青森県八戸市鮫町大作平 44
③ 八戸市
④ 国指定重要有形民俗文化財
⑤ 2018/8/7

幕末頃建立、2012 年に保存修理を行い、茅葺屋根を復原。国内唯一の芝棟茅葺の浜小屋。

大久喜の浜小屋　2018/8/7

大慈寺(松館)山門 ★
だいじじ（まつだて）さんもん

① ノシバ
② 青森県八戸市大字松館字古里 38
③ 大慈寺
④ 青森県重宝（建造物）
⑤ 2018/8/7

江戸後期(1827 年)に建立された芝棟の山門。2006 年に葺き替え。

大慈寺（松館）山門　2018/8/7

清水寺観音堂 ★
せいすいじかんのんどう

① ノシバ
② 青森県八戸市是川字中居 18-2
③ 清水寺
④ 国指定重要文化財
⑤ 2018/8/7、2022/6/17、2023/3/17

安土桃山時代（1581 年）に建立。2021 年に葺き替え。品軒が芝棟となっている。

清水寺観音堂　2021/8/23（中野渡氏撮影）

舘のやかた
たてのやかた

① ノシバ
② 青森県八戸市南郷大字島守舘 22-1
③ 朝もやの館総合情報館
④ なし
⑤ 2022/6/12

八戸市南郷頃巻沢地区から移築。

舘のやかた　2022/6/12

旧八戸市立中野小学校学校園水車
きゅうはちのへしりつなかのしょうがっこう
がっこうえんすいしゃ

① コオニユリ・マツヨイグサ
② 青森県八戸市南郷大字中野又柄 1-1
③ 不明
④ なし
⑤ 2022/6/12、2023/3/17

2015 年度に閉校した八戸市立中野小学校学校園の水田の水車。

旧八戸市立中野小学校学校園水車　2022/8/15（中野渡氏撮影）

旧圓子家住宅
きゅうまるこけじゅうたく

① ノシバ
② 青森県三戸郡五戸町大字倉石中市字中市 62-7
③ 五戸町
④ 青森県重宝（建造物）
⑤ 2018/8/7

一時、茅葺が鉄板葺となっていたが、1992 年度に復原修理工事を行った。

旧圓子家住宅　2018/8/7

五戸代官所
ごのへだいかんしょ

① ノシバ
② 青森県三戸郡五戸町舘 1-1
③ 歴史みらいパーク五戸町図書館
④ なし
⑤ 2018/8/7、2023/3/17

1998年に復原したもの。五戸町文化財となっている門は移築。

五戸代官所　2018/8/7

坂本家住宅主屋
さかもとけじゅうたくしゅおく

① ノシバ・コオニユリ・ハギなど
② 青森県三戸郡新郷村大字西越字日向 15
③ 個人所有
④ 国登録有形文化財（建造物）
⑤ 2018/8/7

西越集落に残る茅葺き民家の保存・活用プロジェクトの拠点。

坂本家住宅主屋　2018/8/7

木村家住宅主屋
きむらけじゅうたくしゅおく

① ノシバ
② 青森県三戸郡新郷村大字西越字日向 45
③ 個人所有
④ 国登録有形文化財（建造物）
⑤ 2018/8/7

西越集落の一般的な芝棟。

木村家住宅主屋　2018/8/7

水車（唐臼）★
すいしゃ（からうす）

① ノシバ
② 青森県三戸郡田子町大字遠瀬
③ 新田自治会
④ なし
⑤ 2022/6/12

シバのみ（土塊）の芝棟。クミともいう。

大山家住宅★
おおやまけじゅうたく

① ノシバ
② 秋田県山本郡三種町鵜川字飯塚62番地
③ 三種町八竜公民館
④ 国指定重要文化財
⑤ 2019/6/23

2018年度葺き替え。秋田県内に残る唯一の芝棟。

水車　2022/6/12

大山家住宅　2019/6/23

アジア民族造形館

旧川戸家住宅
きゅうかわとけじゅうたく

① ノシバ・ヤマユリ・ツキミソウ・ハギ・ヤマツツジ・マツ
② 岩手県九戸郡野田村大字野田 6-75
③ アジア民族造形館
④ なし
⑤ 2019/7/21
近隣からの移築。

旧川戸家住宅　2019/7/21

旧松場家住宅
きゅうまつばけじゅうたく

① ノシバ・ヤマユリ・ツキミソウ・ハギ・ヤマツツジ・マツ
② 岩手県九戸郡野田村大字野田 6-75
③ アジア民族造形館
④ なし
⑤ 2019/7/21
近隣からの移築。

旧松場家住宅　2019/7/21

旧日形井家住宅
きゅうひかたいけじゅうたく

① ノシバ・ヤマユリ・ツキミソウ・ハギ・ヤマツツジ・マツ
② 岩手県九戸郡野田村大字野田 6-75
③ アジア民族造形館
④ なし
⑤ 2019/7/21
近隣からの移築。

旧日形井家住宅　2019/7/21

旧林崎家本家住宅
きゅうりんざきけほんけじゅうたく

① ノシバ・マツ
② 岩手県九戸郡野田村大字野田 5-22
③ 苫屋
④ なし
⑤ 2019/7/21
現在は旅館「苫屋」、宿泊可能。

旧林崎家本家住宅　2019/7/21

旧林崎家分家住宅★
きゅうりんざきけぶんけじゅうたく

① ノシバ
② 岩手県九戸郡野田村玉川 2-62-28
③ 国民宿舎えぼし荘
④ なし
⑤ 2024/6/17
野田村大字野田 5-22 より移築。現在は「国民宿舎えぼし荘」、宿泊可能。

旧林崎家分家住宅　2024/6/17

旧齊藤家住宅
きゅうさいとうけじゅうたく

① オニユリ・キキョウ・ハギ
② 岩手県盛岡市渋民字渋民 9
③ 石川啄木記念館
④ 盛岡市指定文化財
⑤ 2019/7/24
2010 年に葺き替え、芝棟のオニユリ・ニラ・キキョウを受け継いだ。

旧齊藤家住宅　2019/7/24

115

岩手県立博物館

旧佐々木家住宅
きゅうささきけじゅうたく

① シバ
② 岩手県盛岡市上田字松屋敷 34
③ 岩手県立博物館
④ 国指定重要文化財
⑤ 2018/3/8

岩手県下閉伊郡岩泉町大字岩泉字指畑から移築した曲屋。

旧佐々木家住宅　2018/3/8

旧藤野家住宅
きゅうふじのけじゅうたく

① シバ
② 岩手県盛岡市上田字松屋敷 34
③ 岩手県立博物館
④ 国指定重要文化財
⑤ 2018/3/8

岩手県江刺市伊手から移築した直屋。

旧藤野家住宅　2018/3/8

旧上田家
きゅううえだけ

① シバ
② 岩手県滝沢市中鵜飼 55
③ 滝沢市役所
④ なし
⑤ 2022/6/11

1879 〜 1913 年まで村役場として使用。旧盛岡藩の武家住宅で保存されている 4 軒の一つ。

旧上田家　2022/6/11

伊藤家住宅
いとうけじゅうたく

① オニユリ・シバ
② 岩手県花巻市東和町田瀬第 1 地割 170 番地
③ 花巻市文化財課
④ 国指定重要文化財
⑤ 2022/6/11

「くれ」の芝張りは蒲鉾型の棟の長さに裁ち、芝根を抱き合せ 2 枚を積み重ねたもの。

伊藤家住宅　2022/6/11

山口の水車小屋
やまぐちのすいしゃごや

① コオニユリなど
② 岩手県遠野市土淵町山口
③ 土淵山口集落
④ 国選定重要文化的景観
⑤ 2018/7/27

2015 年度改築。

山口の水車小屋　2018/7/27

117

遠野ふるさと村

旧菊池喜右エ門家住宅 ★
（こびるの家）
きゅうきくちきえもんけじゅうたく（こびるのいえ）

① コオニユリ・ヤブカンゾウ
② 岩手県遠野市附馬牛町上附馬牛 5-89-1
③ 遠野ふるさと村
④ 国登録有形文化財（建造物）
⑤ 2018/7/27

こびるの家は、遠野市赤川集落の総本家上郷町旧菊池喜右エ門家を移築したもの。

旧菊池喜右エ門家住宅　2018/7/27

遠野ふるさと村
大野どん前トイレ
とおのふるさとむらおおのどんまえといれ

① コオニユリ
② 岩手県遠野市附馬牛町上附馬牛 5-89-1
③ 遠野ふるさと村
④ なし
⑤ 2018/7/27

遠野ふるさと村大野どん前トイレ　2018/7/27

遠野ふるさと村
大工どん前トイレ
とおのふるさとむらだいくどんまえといれ

① コオニユリ
② 岩手県遠野市附馬牛町上附馬牛 5-89-1
③ 遠野ふるさと村
④ なし
⑤ 2018/7/27

遠野ふるさと村大工どん前トイレ　2018/7/27

遠野ふるさと村

遠野ふるさと村乗込み
（肝煎りの家の門）
とおのふるさとむらのりこみ
（きもいりのいえのもん）

① コオニユリ
② 岩手県遠野市附馬牛町上附馬牛 5-89-1
③ 遠野ふるさと村
④ なし
⑤ 2018/7/27

肝煎りの家は、砂子沢集落の庄屋として使用されていた綾織町旧鈴木誉子家を移築したもの。

遠野ふるさと村乗込み　2018/7/27

遠野ふるさと村水車小屋
とおのふるさとむらすいしゃごや

① コオニユリ
② 岩手県遠野市附馬牛町上附馬牛 5-89-1
③ 遠野ふるさと村
④ なし
⑤ 2018/7/27

遠野ふるさと村案内図　2018/7/27

遠野ふるさと村ではさまざまな時代劇の撮影が行われている。

伝承園

旧菊池家住宅
きゅうきくちけじゅうたく

① コオニユリ・ヤブカンゾウ
② 岩手県遠野市土淵町土淵 6 地割 5 番地 1
③ 伝承園
④ 国指定重要文化財
⑤ 2018/7/27

旧菊池家住宅は、遠野市小友町 13 地割から移築したもの。2014 年に葺き替え。

旧菊池家住宅　2018/7/27

工芸館
こうげいかん

① ヤブカンゾウ・マツ
② 岩手県遠野市土淵町土淵 6 地割 5 番地 1
③ 伝承園
④ なし
⑤ 2018/7/27

工芸館　2018/7/27

水車
すいしゃ

① コオニユリ
② 岩手県遠野市土淵町土淵 6 地割 5 番地 1
③ 伝承園
④ なし
⑤ 2018/7/27

水車　2018/7/27

伝承園

雪隠
せっちん

① コオニユリ
② 岩手県遠野市土淵町土淵 6 地割 5 番地 1
③ 伝承園
④ なし
⑤ 2018/7/27

雪隠　2018/7/27

板倉
いたくら

① コオニユリ・キキョウ・ススキ
② 岩手県遠野市土淵町土淵 6 地割 5 番地 1
③ 伝承園
④ なし
⑤ 2018/7/27

板倉　2018/7/27

乗込長屋
のりこみながや

① コオニユリ・ヤブカンゾウ
② 岩手県遠野市土淵町土淵 6 地割 5 番地 1
③ 伝承園
④ なし
⑤ 2018/7/27
乗込長屋は、近隣の農家の納屋を移築したもの

乗込長屋　2018/7/27

121

みちのく民俗村

旧北川家住宅
きゅうきたがわけじゅうたく

① シバ
② 岩手県北上市立花 14 地割 59
③ 北上市みちのく民俗村
④ 北上市指定文化財
⑤ 2019/8/9

旧北川家住宅は、遠野市土淵町大字栃内から移築したもの。由緒ある山伏の家であったことが『遠野物語』にも触れられている。

旧北川家住宅　2019/8/9

旧佐々木家住宅
きゅうささきけじゅうたく

① シバ
② 岩手県北上市立花 14 地割 59
③ 北上市みちのく民俗村
④ 北上市指定文化財
⑤ 2019/8/9

旧佐々木家住宅は、一関市大東町渋民続石から移築したもの。江戸時代、伊達藩の旧街道に面した葉たばこの栽培農家。

旧佐々木家住宅　2019/8/9

国指定史跡領境間の沢　2019/8/9

旧伊達領と旧南部領の境となっていた沢が敷地内を通っている。各住宅の配置も当時を反映したものとなっている。

みちのく民俗村

旧星川家納屋
きゅうほしかわけなや

① シバ
② 岩手県北上市立花 14 地割 59
③ 北上市みちのく民俗村
④ 北上市指定文化財
⑤ 2019/8/9
旧星川家納屋は、紫波郡矢巾町北伝法寺から移築したもの。

マセ小屋
ませごや

① シバ
② 岩手県北上市立花 14 地割 59
③ 北上市みちのく民俗村
④ なし
⑤ 2019/8/9
このマセ小屋は農作業用の小屋で、北上市立花字橘内金成一郎氏所有のものを移築。

旧星川家納屋　2019/8/9

マセ小屋　2019/8/9

片平丁・旧大沼家侍住宅
かたひらちょう・きゅうおおぬまけさむらいじゅうたく

① シバ
② 岩手県胆沢郡金ケ崎町西根達小路 31
③ 城内諏訪小路まちづくり実行委員会
④ 金ヶ崎町指定有形文化財
⑤ 2022/6/11

金ヶ崎町城内諏訪小路重要伝統的建造物群保存地区の公開侍住宅。2005 年に創建時に復原し、2006 年に厠を新築。

旧矢作家住宅
きゅうやはぎけじゅうたく

① シバ・オニユリ
② 山形県新庄市大字泉田字往還東 460
③ 新庄市
④ 国指定重要文化財
⑤ 2018/7/22

資料がないため詳細は不明だが、構造から山形県内の片中門造(かたちゅうもんづくり)の一典型である。

片平丁・旧大沼家侍住宅（下：厠）　2022/6/11

旧矢作家住宅　2018/7/22

新庄藩主戸沢家墓所 *
(瑞雲院1号棟〜6号棟)

しんじょうはんしゅとざわけぼしょ（ずいうんいん）

① 荒れシバ
② 山形県新庄市十日町 468-12
③ 瑞雲院
④ 国指定史跡
⑤ 2018/7/22

6棟の御霊屋は、瑞雲寺全焼後、場所を現位置に移して、江戸中期の1721年以降逐次建てられたもので、総ケヤキ造り。

瑞雲院　上から：6号棟、1号棟、3号棟と1号棟　2018/7/22

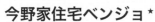

旧山本家住宅
きゅうやまもとけじゅうたく

① シバ・ヤブカンゾウ・コオニユリ
② 宮城県柴田郡川崎町小野二本松 53-9
③ 国営みちのく杜の湖畔公園
④ 宮城県川崎町有形文化財
⑤ 2019/8/9

福島県南会津郡南会津町（南郷村）より移築したもの。

旧山本家住宅　2019/8/9

今野家住宅ベンジョ★
こんのけじゅうたくべんじょ

① ニラ・ショウブ
② 宮城県多賀城市高崎 1-22-1
③ 東北歴史博物館
④ なし
⑤ 2018/7/22

宮城県北上町橋浦から移築。向かって左が当主専用で、右が家族用の便器。

今野家住宅（下：ベンジョ）　2018/7/22

旧馬場家住宅
きゅうばばけじゅうたく

① オニユリ
② 福島県福島市上名倉字大石前地内
（あづま総合運動公園内）
③ 福島市民家園
④ 福島市指定有形文化財
⑤ 2022/6/11

江戸後期（1807年頃）の建築。南会津郡南郷村宮床字居平528番地にあった上層農家。数年前に葺き替えし、ノシバにオニユリの球根を植えこんだ。2022年6月訪問時は、倒木の危険から接近不可能で、撮影できず。

旧馬場家住宅（猪苗代町）　2019/1/6

旧馬場家住宅
きゅうばばけじゅうたく

① ノシバ・カンゾウ
② 福島県耶麻郡猪苗代町大字三ツ和字前田33番地の1
③ 会津民俗館
④ 国指定重要文化財
⑤ 2019/1/6

福島県南会津郡伊南村小塩から移築。移築前はカンゾウが咲いていたが、移築後はあまり咲かなくなってしまったとのこと。

旧五十島家住宅
きゅういそじまけじゅうたく

① ノシバ・ヤマユリ・ヨモギ
② 福島県大沼郡金山町中川上居平949-1
③ 金山町歴史民俗資料館
④ 福島県指定重要文化財
⑤ 2021/11/22

金山町大字沼沢にあった農家を移築。

旧五十島家住宅　2021/11/22

奥会津博物館南郷館
(南郷民俗館)

旧山内家住宅 ★
きゅうやまうちけじゅうたく

① ヤブカンゾウ
② 福島県南会津郡南会津町界字川久保 552 番地
③ 奥会津博物館南郷館
④ 福島県指定重要文化財
⑤ 2018/9/17

旧山内家住宅は、南郷村大字鴇巣にあった名主の家。

旧山内家住宅　2018/9/17

水車小屋
すいしゃごや

① シバ
② 福島県南会津郡南会津町界字川久保 552 番地
③ 奥会津博物館南郷館
④ なし
⑤ 2018/9/17

水車小屋は、1899(明治 32)年建築、1953 年まで現役だった水車を移築。

水車小屋　2018/9/17

前沢曲屋集落水車
まえざわまがりやしゅうらくすいしゃ

① コオニユリ
② 福島県南会津郡南会津町前沢
③ 前沢ふるさと公園
④ 重要伝統的建造物群保存地区
⑤ 未訪問

前沢集落は、1907（明治40）年の大火後に周辺地域の大工により一斉に再建され、現在も居住している集落で重要伝統的建造物群保存地区に選定されている。芝棟の水車とバッタリが杵をつく音は、うつくしまの音30景に選定されている。

檜枝岐の舞台 ★
ひのえまたのぶたい

① コオニユリ
② 福島県南会津郡檜枝岐村居平670
③ 檜枝岐の舞台
④ 国指定重要有形民俗文化財
⑤ 2018/9/17

1893（明治26）年の全村大火で焼失し、1897（明治30）年頃再建。

檜枝岐の舞台　2018/9/17

出作り小屋
でづくりごや

① コオニユリ
② 福島県南会津郡桧枝岐村字燧ケ岳
③ 出作り小屋
④ なし
⑤ 2018/9/17

実川荘前バス停近くにある。現在は、出作り小屋（家から遠い耕地の近くに寝泊まりして耕作するための小屋）としては使用されていない。

出作り小屋　2018/9/17

白樺小屋
しらかばごや

① コオニユリ
② 福島県南会津郡桧枝岐村字燧ケ岳
③ 白樺小屋
④ なし
⑤ 2018/9/17

キリンテバス停近くにある貸別荘。出作り小屋だった建物。

白樺小屋　2018/9/17

雲越家住宅
くもこしけじゅうたく

① シバ、ユリ
② 群馬県利根郡みなかみ町藤原 3688
③ 雲越家住宅資料館
④ 国指定重要有形民俗文化財
⑤ 2019/7/9

1897（明治30）年にこの家で生まれた雲越家最後の当主・雲越仙太郎の旧居。2018年に差し茅を実施。

雲越家住宅　2019/7/9

旧戸部家住宅 *
きゅうとべけじゅうたく

① 山シバ、ヤブカンゾウ、姫百合、岩松、信州スカシユリ
② 群馬県利根郡みなかみ町湯原 441 番地
③ 水上町歴史民俗資料館
④ 国指定重要文化財
⑤ 2018/8/24

利根川郡川場村より移築。2024 年現在、芝棟部分はシートで覆われている。

旧戸部家住宅　2018/8/24

旧鈴木家住宅
きゅうすずきけじゅうたく

① イチハツ
② 群馬県沼田市利根町日影南郷 158 番地 1
③ 沼田市南郷の曲屋
④ 沼田市指定重要文化財
⑤ 2018/8/24

1996 年改築前は芝棟ではなかった。この周辺では、かつてはイワヒバの芝棟が一般的だった。

旧鈴木家住宅　2018/8/24

上三原田の歌舞伎舞台
かみみはらだのかぶきぶたい

① イチハツ
② 群馬県渋川市赤城町上三原田 269
③ 渋川市赤城歴史資料館
④ 国指定重要有形民俗文化財
⑤ 2019/12/16

江戸後期（1819 年）に建築、当時からイチハツが植えられていた。

上三原田の歌舞伎舞台　2019/12/16

阿久沢家住宅
あくざわけじゅうたく

① イチハツ・イワヒバ
② 群馬県前橋市柏倉町 604-1
③ 阿久沢家住宅
④ 国指定重要文化財
⑤ 2018/8/24

江戸前期（17世紀末頃）に建築されたと推定されており、群馬県内でも最古の民家の一つとされている。

阿久沢家住宅　2018/8/24

関根家住宅★
せきねけじゅうたく

① イチハツ
② 群馬県前橋市西大室町 2510
③ 大室公園
④ 前橋市重要文化財
⑤ 2018/8/24

前橋市飯土井町にあった関根順次氏の民家を移築したもの。養蚕農家住宅である赤城型民家の典型例。

関根家住宅　2018/8/24

関根家住宅門
せきねけじゅうたくもん

① イチハツ
② 群馬県前橋市西大室町 2510
③ 大室公園
④ 前橋市重要文化財
⑤ 2018/8/24

関根家住宅門　2018/8/24

楽山園★
らくさんえん

① ヤマユリ・ショウブ
② 群馬県甘楽郡甘楽町大字小幡648-2
③ 国指定名勝楽山園
④ 国指定名勝
⑤ 2020/6/29

織田氏によって造られた小幡藩邸の庭園。2000年に国指定名勝となり、以後、復原。阿久沢家住宅（群馬県前橋市）を参考にし、芝棟としている。

西山御殿★
にしやまごてん

① イチハツ
② 茨城県常陸太田市新宿町590
③ 徳川ミュージアム西山御殿
④ 国指定史跡・名勝
⑤ 2018/9/25、2024/5/1

水戸藩2代目藩主徳川光圀公が藩主の座を退いた後、1691年から1700年に没するまでの晩年を過ごした隠居所。江戸後期（1817年）に野火により焼失し、1819年に再建された。東日本大震災で御殿・守護宅の損壊や守護宅裏山の崩落など大きな被害を受けたが、災害復旧事業を行い、屋根は2016年に葺き替えた。

楽山園　2020/6/29

西山御殿　2024/5/1

慈久庵 ★
じきゅうあん

① イチハツ・シバ
② 茨城県常陸太田市天下野町 2162
③ 株式会社慈久庵
④ なし
⑤ 2023/7/1

店主がヨーロッパで見かけた芝棟をモデルとし、2000 年以降に新築した蕎麦店。

慈久庵　2023/7/1

小野家住宅 ★
おのけじゅうたく

① イチハツ
② 埼玉県所沢市林 2-426
③ 個人所有
④ 国指定重要文化財
⑤ 2018/12/9

2017 年度に葺き替え。狭山茶の産地であり、庭に茶畑が見られる。

小野家住宅　2018/12/9

旧富岡家住宅
きゅうとみおかけじゅうたく

① イチハツ
② 埼玉県和光市下新倉 2-33
③ 新倉ふるさと民家園
④ 和光市指定文化財
⑤ 2018/12/9

江戸前期（17 世紀後半）の古民家。1988 年の東京外かく環状道路建設に伴う解体時には、芝棟ではなかった。2006 年の移築復原の際に芝棟にした。

旧富岡家住宅　2018/12/9

〰〰〰〰〰〰〰〰〰〰〰〰〰〰〰〰〰〰〰

旧永井家住宅 ★
きゅうながいけじゅうたく

① イワヒバ、イチハツ
② 東京都町田市野津田町 3270 番地
③ 町田市立薬師池公園
④ 国指定重要文化財
⑤ 2018/7/16、2024/2/12、2024/4/30

町田市小野路町瓜生にあった農家を 1975 年に移築。2024 年現在、棟部分の経年劣化が進行しているため、保護シートを掛けて管理しており、芝棟植物（イワヒバ、イチハツ）は建物前に植栽されている。

可喜庵
かきあん

① イチハツ
② 東京都町田市能ヶ谷 3 丁目 6-22
③ 株式会社鈴木工務店
④ なし
⑤ 2020/9/28

江戸末期（1863 年）に建てられた建物。以前は芝棟ではなかったが、2009 年の葺き替えの際に芝棟にした。

旧永井家住宅　2018/7/16

可喜庵　2020/9/28

135

川崎市立日本民家園

清宮家住宅★
きよみやけじゅうたく

① イチハツ
② 神奈川県川崎市多摩区枡形 7-1-1
③ 川崎市立日本民家園
④ 神奈川県指定重要文化財
⑤ 2014/4/29、2019/4/30、2019/7/7、2022/5/1、2024/4/30

神奈川県川崎市多摩区登戸から移築。2021年度葺き替え。

清宮家住宅　2024/4/30

広瀬家住宅
ひろせけじゅうたく

① イワヒバ
② 神奈川県川崎市多摩区枡形 7-1-1
③ 川崎市立日本民家園
④ 神奈川県指定重要文化財
⑤ 2014/4/29、2019/4/30、2019/7/7、2022/5/1、2024/4/30

山梨県甲州市塩山上萩原から移築。2018年度葺き替え。

広瀬家住宅　2024/4/30

川崎市立日本民家園

蚕影山祠堂
こかげさんしどう

① イチハツ
② 神奈川県川崎市多摩区枡形 7-1-1
③ 川崎市立日本民家園
④ 川崎市指定重要歴史記念物
⑤ 2014/4/29、2019/4/30、2019/7/7、2022/5/1、2024/4/30

神奈川県川崎市麻生区岡上東光院内から移築。2023 年度葺き替え。

工藤家住宅便所
くどうけじゅうたくべんじょ

① ノカンゾウ・ヤブカンゾウ・ニラ
② 神奈川県川崎市多摩区枡形 7-1-1
③ 川崎市立日本民家園
④ なし
⑤ 2014/4/29、2019/4/30、2019/7/7、2022/5/1、2024/4/30

主屋（国指定重要文化財）は岩手県紫波郡紫波町舟久保から移築。便所（現地でも 1937 年頃建築）は、新しく建築したもの。

蚕影山祠堂　2024/4/30

工藤家住宅便所　2019/7/7

旧大佛次郎茶亭 ★
きゅうおさらぎじろうちゃてい

① イチハツ
② 神奈川県鎌倉市雪ノ下 1-11-22
③ 一般社団法人大佛次郎文学保存会
④ 鎌倉市景観重要建築物／風致保存会保存建造物
⑤ 2024/10/5

これまでは芝棟ではなかったが、大佛次郎が『屋根の花』というエッセイを残すほど芝棟を好んでいたため、2022 年の改修工事で芝棟にした。

旧大佛次郎茶亭　2024/10/5

西湖周辺

旧渡辺家住宅
きゅうわたなべけじゅうたく

① イワヒバ
② 山梨県南都留郡富士河口湖町西湖根場 2753
③ 西湖いやしの里根場
④ 国登録有形文化財
⑤ 2018/12/3、2025/2/15

江戸時代末期に建てられた養蚕家屋で、1966 年の土砂災害を経て今に残る数少ない建物。2008 年に保存のための修復が行われた。

旧渡辺家住宅　2025/2/15

西湖野鳥の森公園 ★
さいこやちょうのもりこうえん

① イワヒバ
② 山梨県南都留郡富士河口湖町西湖 2068
③ 西湖野鳥の森公園
④ なし
⑤ 2018/12/3

各々の建造物に名称はないが、公園内の建物の多くが芝棟である。

西湖野鳥の森公園　2018/12/3

旧萩原家住宅
きゅうはぎわらけじゅうたく

① イワヒバ
② 山梨県南巨摩郡身延町下山 1597
③ 山梨県富士川クラフトパーク
④ なし
⑤ 2018/12/3

山梨県南部町柳島より移築したもの。

旧萩原家住宅　2018/12/3

もしもしの家
もしもしのいえ

① イワヒバ
② 山梨県甲州市塩山下小田原 1099
③ NPO 法人山梨家並保存会
④ 重要伝統的建造物群保存地区（甲州市塩山下小田原上条伝統的建造物群保存地区）
⑤ 2023/11/3

江戸末期に創建。2009 年度に葺き替えした際、イワヒバの芝棟にした。それまでは芝棟ではなかった。宿泊、体験での利用可能。

もしもしの家　2023/11/3

八代家住宅 ★
やつしろけじゅうたく

① イワヒバ
② 山梨県北杜市明野町上手 1870
③ 個人所有
④ 国指定重要文化財
⑤ 2023/11/3

名主の農家。2018 年に葺き替え。中央自動車道に隣接しており、高速バスから芝棟部分が一瞬見える。

八代家住宅　2023/11/3

竹川家四足門 ★
たけかわけよつあしもん

① イワヒバ
② 静岡県富士宮市麓 16
③ 個人所有
④ なし
⑤ 2018/12/3、2025/2/15

芝棟の四足門。2023 年に全解体保存修理工事。

石部棚田水車小屋
いしぶたなだすいしゃごや

① ギボウシ、カンゾウ、ヤマユリ、アヤメ、ニラ、細ネギ、野芝
② 静岡県松崎町石部
③ 石部棚田振興協会（松崎町企画観光課）
④ なし
⑤ 未訪問

2024 年 5 月に茅葺葺替竣工、以前は竹棟だったが、葺き替えにあたり芝棟にした。いろいろな植物(ギボウシ、カンゾウ、ヤマユリ、アヤメ、ニラ、細ネギ、野芝)を混植した。

竹川家四足門　2025/2/15

旧藤原家住宅 *
きゅうふじわらけじゅうたく

① シラン
② 豊中市服部緑地 1-2
③ 日本民家集落博物館
④ 大阪府指定有形文化財
⑤ 2022/5/26

岩手県紫波郡矢巾町煙山から移築。2013年度の改修時に、差し茅を行い、芝棟も葺き替え、イチハツは暑さで枯れるため、シランを植栽。

旧藤原家住宅　2022/5/26

著者紹介

山口隆子（やまぐち たかこ）

1972 年　東京都生まれ
1995 年　お茶の水女子大学文教育学部地理
　　　　　学科卒業
1996 年　東京都立大学大学院理学研究科地
　　　　　理学専攻中退
1996 年　東京都入都（造園職）
建設局にて都立公園・霊園・動物園の設計・
維持管理を担当後、東京都環境科学研究所
研究員、環境局にてヒートアイランド対策、地球温暖化対策、校庭芝
生化・屋上緑化等都市緑化の推進、自然保護に従事
2017 年　法政大学文学部地理学科准教授
現在　法政大学文学部地理学科教授

博士（学術）、技術士（環境－環境保全計画）

専門：気候学・生気象学
著書：『ヒートアイランドと都市緑化』（成山堂書店、2009 年）
　　　『持続可能な低炭素社会Ⅲ』（北海道大学出版会、2011 年、共著）
　　　『世界の気候事典』（朝倉書店、2022 年、編著者）

趣味は、読書（絵本から専門書まで年間 300 冊以上）、ピーターラビットグッズ収集。最近は、芝棟の情報を得るために始めた Instagram の投稿にも励んでいる。

蝦夷の室蘭近くの家屋
（E. S. モース『日本人の住まい』八坂書房より）
Edward Sylvester Morse：*Japanese Homes and Their Surroundings*, 1885

Roof Garden
Visiting Shiba-Mune and Turf house in Japan and Around the World

* * *

Jardins sur le toit
Faîtage planté et Toit de gazon au Japon et dans le monde

* * *

Takgarðar
Vitja Flagtakt Hús (Shiba-Mune) í Japan og kring heimin

屋根の花園 〜〜芝棟・草屋根を日本と世界に訪ねて〜〜

2025 年 4 月 21 日　初版第 1 刷発行

著　者　山　口　隆　子
発行者　八　坂　立　人
印刷・製本　シナノ書籍印刷 (株)

発 行 所　(株)八 坂 書 房

〒101-0064 東京都千代田区神田猿楽町 1-4-11
TEL.03-3293-7975／FAX.03-3293-7977
URL：http://www.yasakashobo.co.jp

乱丁・落丁はお取り替えいたします。無断複製・転載を禁ず。
ⓒ 2025 YAMAGUCHI Takako
ISBN 978-4-89694-377-1